T0246909

HIPNO
GENEALOGÍA

Las historias y los lugares mencionados en este libro están inspirados en hechos reales. Los nombres de algunos de los personajes y algunos detalles han sido cambiados para preservar el derecho a la privacidad de las personas.

El autor de este libro no proporciona consejos médicos ni prescribe el uso de ninguna técnica como forma de tratamiento para problemas físicos o mentales sin la opinión de un médico, directa o indirectamente. La intención del autor es simplemente ofrecer información de carácter general para ayudar al lector en su búsqueda de bienestar físico, emocional y espiritual. En caso de que la información contenida en este libro sea utilizada a título personal, lo cual es un derecho, el autor y el editor no asumen ninguna responsabilidad sobre sus acciones.

Diseño de portada: Editorial Sirio, S.A.
Maquetación: Toñi F. Castellón

© de la edición original
2024 Alex Raco

www.alexraco.eu

© de la presente edición
EDITORIAL SIRIO, S.A.
C/ Rosa de los Vientos, 64
Pol. Ind. El Viso
29006-Málaga
España

www.editorialsirio.com
sirio@editorialsirio.com

I.S.B.N.: 978-84-10335-09-7
Depósito Legal: MA-2436-2024

Impreso en Imagraf Impresores, S. A.
c/ Nabucco, 14 D - Pol. Alameda
29006 - Málaga

Impreso en España

Puedes seguirnos en Facebook, X, YouTube e Instagram.

ALEX RACO

HIPNO GENEALOGÍA

Cómo reconstruir tu historia ancestral,
acceder a los secretos de tu linaje
y sanar tu presente

EDITORIAL
SIRIO

Cada individuo está unido por innumerables lazos con el mundo y con otros seres humanos, pasados y presentes. La memoria colectiva, la herencia psicológica de generaciones, se refleja en las profundidades del alma de cada persona.

C. G. Jung

ÍNDICE

ATRAPADO

—¡Qué olor! No puedo respirar en absoluto.

—¿Qué pasa?

—Este olor es insoportable. Es dulzón y me llega directamente al cerebro. Me duele la cabeza.

—Está bien, no te preocupes. Ahora contaré hasta tres, luego te tocaré ligeramente la frente y podrás respirar normalmente. Uno... dos... tres.

Toqué la frente de la mujer que estaba tumbada en la *chaise longue* frente a mí en mi consulta y ella lentamente volvió a respirar de manera normal. Parecía haberse calmado. Momentos antes, su tez estaba teñida de un rosa brillante y su pecho parecía sacudido por convulsiones debido a la falta de aliento.

La habitación, envuelta en una luz tenue proveniente de una pequeña lámpara de mesa, parecía un refugio seguro. Bárbara tenía cincuenta y cinco años y, aunque solo medía un metro sesenta, mantenía una figura atlética que reflejaba un cuidado constante por su salud.

El color de su cabello, un rubio ceniza no natural, podía reflejar su búsqueda de cambio o el deseo de expresar su personalidad a través de su apariencia exterior. Estaba casada, pero la relación con su esposo parecía caracterizarse por cierta monotonía. Su aura calmada y segura ocultaba en realidad la falta de emociones intensas en su vida sentimental. A pesar de su figura atlética y su atractiva apariencia, el matrimonio parecía carecer de ese toque de pasión o aventura que podría haber aportado vitalidad a su existencia. El papel de madre de dos hijas añadía capas significativas a su personalidad, pero su vida requería una exploración más profunda y tal vez una reflexión sobre las dinámicas relacionales.

Bárbara estaba tumbada, con los ojos cerrados, y evocaba con detalles sorprendentes la vida de su abuelo Svevo, un hombre misterioso y complejo que había vivido en la vibrante Nápoles de los años veinte. Para mí, era un evento sin precedentes, ya que la mujer en realidad había venido para una sesión de hipnosis de vidas pasadas. ¿Qué tenía que ver su abuelo?

Después de todo, no debería haberme sorprendido demasiado; la hipnosis no es más que una técnica meditativa que permite que la conciencia y el alma se conecten con ese campo de información universal que nos rodea, que Jung había definido como el inconsciente colectivo, y recibir conceptos que involucran existencias diferentes a la actual. Luego, el cerebro del sujeto se encarga de evaluar e interpretar cognitivamente los datos que produce el inconsciente. He descrito esta técnica extensamente en mis libros anteriores, especialmente en el primero *Nunca es el final* (Sirio, 2019). A lo largo de los años, he teorizado varias veces sobre la posibilidad de utilizar una técnica tan efectiva como la hipnosis para resolver los traumas familiares relacionados con la herencia psicológica y la influencia de los ancestros. En mi mente, incluso le había dado un nombre: *hipnosis genealógica* o *hipnogenealogía*. Sin embargo, a pesar de que había pasado mucho tiempo, hasta ese momento nunca había encontrado la manera de explorar sus potencialidades. Pero, como a menudo me recuerdo a mí mismo y a los demás, el universo (o Dios, o Alá, o como deseen llamar a la fuerza universal que nos gobierna a todos) sabe muy bien lo que está haciendo, y esa tarde en mi consulta decidió que era el momento de enfrentarme a un nuevo campo de investigación. Conocía a Bárbara desde hacía mucho tiempo y tal vez eso fue lo que permitió que su inconsciente confiara en mí y comenzara a evocar traumas profundos que habían caracterizado a su familia. La adrenalina provocada por esa situación inesperada produjo una reacción inmediata en mi cerebro, y en lugar de proceder a llevar a Bárbara a una vida pasada, como habría hecho en otras circunstancias, ese día decidí confiar en el universo y seguir el curso de los eventos.

—Ese olor era horrible —insistió.

—Me gustaría que volvieras a contarme sobre tu abuelo Svevo —dije con voz pausada, sofocando mi emoción y tratando de guiarla de vuelta a la historia central.

Sus párpados se levantaron lentamente por un momento, revelando una mirada fija y concentrada en el pasado, para luego cerrarse nuevamente en un estado hipnótico profundo.

—Mi abuelo Svevo era un hombre fascinante, pero también atormentado. Vivía en una época en la que la homosexualidad era un tabú, un secreto que guardar celosamente. —Mi mirada se posó en su rostro mientras hablaba con los ojos cerrados, tratando de capturar cada matiz de sus emociones. Bárbara continuó—: Se casó dos veces, pero era evidente que su verdadera naturaleza se escondía detrás del velo de las convenciones sociales.

—¿Cómo descubriste este detalle sobre su vida? —pregunté intrigado.

—A través de sus recuerdos —respondió Bárbara, con un deje nostálgico en la entonación de su voz—. En su mundo interior, mi abuelo vivía una doble vida. Su primera esposa, Delia, era una mujer dulce y atenta.

Me contó que la vida de Svevo se truncó debido a una tragedia envuelta en el velo de la partida prematura de Delia. La sombra de la muerte rompió su idilio, interrumpiendo una historia de amor y complicidad con crudeza. Fue un día frío de invierno cuando la enfermedad comenzó, envolviendo a Delia en una red implacable. La dulce armonía que había unido a ambos corazones se disolvió en una lucha contra el tiempo, mientras él observaba impotente el lento desvanecimiento de la vitalidad de la mujer con la que había compartido su vida. Su relación siempre había estado basada en el afecto y la amistad, donde la pasión, para la paz de Svevo, nunca había desempeñado un papel demasiado importante. Delia se retiró lentamente de esta escena terrenal. La enfermedad, como un aliento gélido, la arrancó prematuramente de la vida.

—Recuerdo que mi abuelo siempre me describía las flores marchitas y el sonido monótono de las campanas de la iglesia que acompañaron su funeral...

Y continuó hablándome extensamente sobre cómo él, con el corazón roto, tuvo que enfrentar la amarga despedida de aquella a quien, aunque sin alegría carnal, había amado con toda la intensidad de su alma. Su muerte lo marcó profundamente, sumiéndolo desde ese día en una oscuridad persistente. Su casa, que alguna vez resonó con risas y amor, se convirtió en un eco silencioso de recuerdos despiadados. Tras la muerte prematura de

Delia una oscura nube se cernió sobre la vida de Svevo, dejándole una herencia de pesares y un vacío que ninguna futura unión lograría llenar por completo.

—Svevo era tu abuelo paterno o materno —le pregunté.

—Era el padre de mi madre.

—Y tu madre, ¿era hija de Delia?

—Sí. Tenía solo nueve meses cuando ella murió.

Gracias a mi experiencia, intuí de inmediato cómo la muerte prematura de la abuela de Bárbara, cuando su madre tenía solo nueve meses, había marcado profundamente el mundo psicológico de la mujer. Ese evento trágico había arrojado sombras largas y complejas sobre su crecimiento, creando un paisaje emocional particular. La ausencia de la figura materna de su abuela Delia había creado un vacío significativo en la vida de Bárbara incluso antes de que pudiera formar recuerdos tangibles. La falta de una guía materna durante estos primeros y cruciales años había atravesado una generación e incidió profundamente en su percepción del afecto y la seguridad. Crecer sin la presencia amorosa y el calor materno no solo había influido en el carácter de su madre, sino que también había contribuido a dar forma a la identidad única de Bárbara, arraigada en la dualidad de una pérdida y un deseo inextinguible. Aunque la madre de Bárbara podría haber intentado llenar este vacío, la falta directa de la presencia de Delia aún dejaba una marca duradera en la psicología de la mujer. La búsqueda de amor y conexión se había convertido así en un camino complejo, caracterizado por las cicatrices de una pérdida que, aunque experimentada a través de relatos y recuerdos de otros, había influido profundamente en su capacidad para establecer relaciones afectivas significativas. La ausencia de esta figura había contribuido a formar un núcleo de deseo de comprensión y pertenencia. La muerte de Delia había transformado el pasado familiar de Bárbara en un mosaico de preguntas sin respuesta, y esto había generado una búsqueda constante de significado y una profunda conciencia de la fragilidad de la vida y las relaciones.

Así, la trágica historia de la muerte de la abuela Delia había influido profundamente en su camino de crecimiento, en la percepción de sí misma y en sus dinámicas relacionales. Esta figura materna ausente se había convertido en un fantasma delicado pero persistente en el teatro de las emociones de Bárbara y de su madre, y había coloreado con matices de tristeza y deseo la trama compleja de su existencia.

Bárbara, con el ceño fruncido y una expresión introspectiva, continuó evocando los capítulos oscuros de su historia familiar, esos periodos que habían moldeado su identidad de maneras intrincadas y a menudo dolorosas. Era evidente cómo la muerte de su abuela Delia había representado un punto de inflexión crucial capaz de dejar una huella indeleble en su vida. Me contó cómo su madre, en medio de la turbación de la pérdida, fue entregada a la tía materna, y cómo las paredes de la casa de su tía, una mujer de rígidas convicciones y esposa de un jerarca fascista, vibraban con formalidades y reglas sociales impecables. Su existencia estaba gobernada por un sentido de prestigio y conformidad a las expectativas impuestas por la sociedad de la época. Las apariencias contaban más que todo, y el respeto de las reglas era una prioridad absoluta. Bárbara describía ese período como una aguda contradicción, donde las formalidades de la superficie a menudo ocultaban el caos y la confusión subyacentes. La tía abuela de Bárbara, aunque parecía ser una guardiana devota de la madre, exigía una disciplina que se confundía con la opresiva rigidez del régimen fascista. El amor de la madre a menudo era sofocado por un entorno de severidad y conformidad, donde el respeto por las apariencias parecía mucho más importante que el bienestar emocional. Incluso las visitas de Svevo a la casa de su cuñada estaban teñidas de una sensación de opresión, una sensación de inadecuación y una dolorosa conciencia de las disparidades entre las expectativas sociales y las necesidades emocionales. La madre de Bárbara, atrapada entre las estrictas reglas impuestas por su tía y el duelo por la pérdida de Delia, había intentado adaptarse, apenas ocultando su propio sufrimiento detrás de una máscara de conformismo. Este contexto adverso, aunque datara de muchos años atrás, una época en la que Bárbara aún no había nacido, había tenido un impacto significativo en ella desde que era joven. Que su madre creciera en un ambiente donde las apariencias y las convenciones sociales pesaban más que la autenticidad y la expresión genuina contribuyó a moldear su percepción del mundo. La necesidad de sustraerse a estas restricciones, de explorar su propia identidad fuera de los límites estrechos de las expectativas sociales, se convirtió en un motor potente en su camino de crecimiento y autodeterminación.

De la narración de Bárbara emergía la conciencia de un período difícil, pero también la determinación de resistir las presiones del pasado, intentando romper las cadenas invisibles de conformismo impuestas por la familia y la sociedad, para finalmente abrazar su verdad interior. Este período turbulento, marcado por la pérdida y la transición hacia un entorno familiar aparentemente ordenado, pero intrínsecamente opresivo, generó un impacto duradero en la vida de Bárbara.

—La tía, empeñada en mantener la imagen de una familia respetable y conformista, impuso a mi madre un contexto de rigurosa disciplina. No había sido capaz de proporcionarle el amor maternal que necesitaba y lo había reemplazado con las expectativas sociales y con la necesidad de adherirse a las reglas impuestas por el régimen fascista.

El ambiente familiar, aunque exteriormente respetable, escondía tensiones subyacentes, creando un clima emocional cargado de represión y dificultades en la expresión auténtica de las emociones. Años después, debido a la educación recibida por su madre, Bárbara se encontró a su vez inmersa en este complicado contexto, donde el conformismo y las apariencias eran prioritarios. La pérdida de una figura materna tan significativa como Delia, junto con la falta de un entorno familiar acogedor, se convirtió en un terreno fértil para el nacimiento de mecanismos de afrontamiento disfuncionales.

Esa sesión se estaba revelando particularmente interesante y resolutiva. Estaba empezando a comprender, de hecho, cómo la bulimia que Bárbara había sufrido durante muchos años, se había manifestado como un intento de manejar la confusión emocional generada por la complejidad de las dinámicas familiares. La comida se convirtió en una vía de escape, una forma de autocontrol y consuelo en un mundo donde la autenticidad y la expresión emocional eran sofocadas por reglas rígidas y expectativas. El trastorno alimentario, por lo tanto, representó una respuesta distorsionada y destructiva a las heridas familiares que aún persistían en su subconsciente, haciendo que la curación fuera un camino complicado y profundo.

Me acerqué aún más a ella, curioso por descubrir si aquel envolvente olor escondía algún secreto, y le pregunté en voz baja.

—¿Qué había de tan molesto en ese olor, Bárbara?

—Era el perfume de Bianca, su aroma persistente que invadía la habitación cuando estaban juntos en la cama. Mi abuelo Svevo solía contarle a mi madre sobre noches de insomnio, cómo se revolvía en la cama intentando evitar ese perfume que le llenaba las fosas nasales. Llegó incluso a ponerse una pinza de ropa en la nariz para no olerlo. Era como si ese olor le obligara a enfrentarse a una realidad que quería olvidar.

Decidí profundizar.

—Sin embargo, a pesar de estas dificultades, Svevo había elegido vivir así, en una especie de compromiso entre su verdadera naturaleza y las expectativas sociales.

Bárbara asintió con tristeza.

—Sí, su vida estaba llena de compromisos. Era un hombre valiente, obligado a ocultar su auténtica identidad, pero en lo profundo de su corazón era capaz de amar intensamente.

La habitación se llenó de un silencio reflexivo. Noté un evidente paralelismo entre la existencia de Svevo y la de su nieta que ahora yacía frente a mí casi cien años más tarde. Me quedó claro inmediatamente que la correlación entre esas dos existencias sería la clave para resolver los problemas de Bárbara. Estaba experimentando por primera vez las maravillas de la hipnosis genealógica. Mi corazón explotaba de emoción y en ese momento me sentía como un niño frente a su mayor descubrimiento. Así que continué explorando la mente de Bárbara, guiándola a través de los recovecos de los recuerdos de Svevo, esperando descubrir más detalles sobre este hombre enigmático y fascinante.

En el silencio de mi consulta, solo el tictac del reloj de pared marcaba el tiempo. Bárbara, envuelta en los recuerdos de Svevo, parecía flotar entre el presente y el pasado, como si el velo de las décadas se estuviera disolviendo para revelar historias ocultas.

—Bárbara, cuéntame más sobre Bianca —la animé gentilmente, deseoso de comprender plenamente el papel de esa mujer en la vida de Svevo.

Sus labios se curvaron en una sonrisa nostálgica.

—Bianca era una mujer valiente, de una manera diferente a Delia. Vivía su vida con una intensidad y pasión que trascendían las convenciones de la época. No podía ignorar la homosexualidad de Svevo, pero decidió casarse con él de todos modos.

Intrigado, pregunté:

—¿Cómo se conocieron?

Bárbara se sumergió en los recuerdos.

—En el corazón de los barrios españoles, entre callejuelas estrechas y tabernas animadas, sus miradas se cruzaron como el destino que une a dos almas afines.

Bianca, mostrando sus curvas abundantes envuelta en un vestido rojo vibrante, emanaba una energía magnética. Svevo, fascinado, se encontró atrapado por esa aura que prometía una libertad nunca antes experimentada.

Imaginé el bullicio cotidiano de las calles de Nápoles, mientras Svevo y Bianca bailaban en un escenario de emociones y contrastes.

—Aunque no hubiera atracción física por parte de mi abuelo, su entendimiento mental era como un fuego encendido —dijo Bárbara—. Una llama que ardía intensamente, pero que corría el riesgo de consumir todo lo que tocaba.

Mi interés crecía con cada palabra de Bárbara, y su relato se convertía en un vívido fresco de pasiones y secretos. Pero había algo que no cuadraba, no podía entender cómo Svevo había podido enamorarse de una mujer cuyo olor detestaba.

—Me has hablado del olor que Svevo encontraba insoportable durante las noches con Bianca. ¿Qué había detrás de ese perfume que le perturbaba tan profundamente?

Bárbara se tomó un momento antes de responder.

—Bianca usaba un perfume intenso, una esencia de flores tropicales que envolvía su cuerpo como un velo persistente. Svevo lo asociaba a los momentos de intimidad vividos con ella que le repugnaban y que constituían una prisión sensorial, una trampa asfixiante que cada vez lo obligaba a enfrentarse a su vida, a su identidad oculta.

Incliné levemente la cabeza, tratando de penetrar en el alma de Svevo, de comprender el conflicto interno que le había atormentado.

—Y a pesar de esto, ¿había amor entre Svevo y Bianca?

Bárbara asintió.

—Sí, había amor. Un amor complicado, imperfecto, pero auténtico. Bianca conocía el secreto de Svevo y, sin embargo, lo aceptaba, tratando de protegerlo del cruel juicio del mundo exterior. Estaban unidos por una complicidad silenciosa, una conexión profunda que superaba las barreras de la comprensión común.

En ese momento, el pasado se manifestó con una potencia palpable en mi consulta, envolviéndonos a los *tres* en una atmósfera cargada de emociones. La historia de Svevo, desentrañada a través de la voz de Bárbara, se convertía en una novela intrincada de pasiones entrelazadas. La luz tenue de mi consulta parecía adaptarse a las tonalidades del alma de Bárbara mientras continuaba narrando la vida de Svevo. Sus relatos eran un viaje a través del tiempo que reflejaba las sombras y las luces de un pasado ondulante por las elecciones de un hombre que había buscado su equilibrio en un mundo resistente al cambio.

—Svevo vivía en la cuerda floja entre el amor y el miedo, la libertad y la prisión —susurré, reflexionando sobre las palabras de Bárbara.

—Exactamente —respondió ella.

Bianca representaba para él una ventana abierta a un mundo diferente, a posibilidades que la sociedad de la época nunca habría comprendido. Sin embargo, ese perfume que lo asfixiaba se convirtió en una especie de símbolo, una barrera invisible que lo separaba de la felicidad.

Me acerqué ligeramente, como si pudiera tocar el pasado con las manos.

—¿Y Delia? ¿Descubrió la verdad sobre Svevo?

Bárbara bajó la mirada, quizás temerosa de revelar un detalle doloroso.

—Delia, inicialmente, no conocía la verdad. Creía vivir una vida normal con el hombre que amaba. Cuando finalmente se enteró de los otros lazos de Svevo, el corazón se le desgarró.

—¿Cómo reaccionó?

—Quedó devastada, por supuesto. Pero gracias a una extraordinaria fuerza de espíritu, decidió también quedarse al lado de Svevo. Después de todo, en esa época también era difícil hablar de separaciones. Era una relación que les había permitido a ambos resistir las tormentas de la vida, y Delia, con el tiempo, encontró la manera de aceptar el corazón poliédrico de Svevo.

Un silencio respetuoso llenó la habitación mientras reflexionaba sobre la complejidad de las relaciones de aquel hombre.

—Parece que la vida de Svevo también fue una serie de compromisos y sacrificios —comenté, esperando que su inconsciente pudiera notar el paralelismo.

Bárbara asintió, sus labios dibujaban una línea de compasión.

—Sí, era un hombre que navegaba entre las olas encrespadas de sus propias contradicciones. Pero en aquellos años en Nápoles, entre las calles anchas y las plazas, Svevo encontró una forma de libertad, al menos en su corazón.

Mi mente estaba sumergida en un mundo que se desplegaba a través de las palabras de Bárbara.

—¿Qué fue de Svevo al final?

Bárbara cerró los ojos, como si buscara acceder a un capítulo final que tal vez le había sido esquivo.

—Svevo vivió una vida llena de experiencias, de altibajos. Al final, se retiró a un pequeño pueblo cerca de Nápoles, donde vivió los últimos años de su vida en soledad, rodeado solo por sus recuerdos y los fantasmas del pasado. Pero creo que encontró la paz, a su manera única.

Mi consulta se llenó de un silencio profundo, interrumpido solo por la lenta respiración de Bárbara. La historia de Svevo, contada a través de sus memorias, era un entramado de pasión y dolor, un viaje a través de una época cargada de paradojas. Mientras Bárbara cerraba los ojos, me pregunté qué había aprendido de ese viaje en la vida de un hombre que se había atrevido a ser él mismo, a pesar de los desafíos que el mundo le había puesto delante.

Con el corazón lleno de una tranquila reverencia, decidí guiar a Bárbara a través de una fase de la sesión que pudiera llevarla a la conciencia y resolución de sus problemas.

—Bárbara, imagina que te encuentras ahora en un lugar tranquilo y sereno. Es un jardín, con flores coloridas en el que se escucha el dulce canto de los pájaros. Puedes sentir la brisa ligera y la energía positiva que permea el ambiente.

Sus párpados temblaron ligeramente, como si realmente estuviera en ese lugar imaginario.

—Ahora, imagina ver a Svevo. Está caminando hacia ti, con una mirada serena. Puedes sentir la conexión entre vosotros, un vínculo que trasciende el tiempo y el espacio.

Bárbara se relajó aún más, sumergiéndose en la visualización.

—Ahora, pregúntale algo, algo que desees saber o entender mejor sobre tu vida. Svevo está aquí para compartir su sabiduría contigo.

Su voz resonó con un hilo de emoción.

—Abuelo, ¿por qué he sentido tan profundamente tu historia? ¿Qué puedo aprender de ti?

En el silencio imaginario del jardín, la respuesta pareció surgir como un susurro de viento entre las hojas.

—Bárbara, has sentido mi historia porque nuestras almas están entrelazadas de una manera especial. He vivido la complejidad de la vida y de las relaciones humanas, y a través de mis recuerdos espero que puedas encontrar la fuerza para aceptarte a ti misma y a los demás sin juzgar.

Las palabras de Svevo, a través de Bárbara, resonaron en la atmósfera tranquila de mi consulta.

—Ahora, visualiza un resplandor dorado que se difunde a través de tu ser. Esta luz representa la conciencia y la curación. Cada recuerdo que has compartido conmigo hoy lleva consigo la posibilidad de una comprensión más profunda y de una transformación positiva —le indiqué.

Sus ojos, cerrados en la visualización, parecían reflejar la luz dorada que había invocado.

—Siente esta luz que te envuelve, que entra en las partes más recónditas de tu corazón. Respira profundamente y deja que cada aliento se lleve el peso de los recuerdos dolorosos, reemplazándolos con la conciencia y el amor hacia ti misma.

Bárbara, sumergida en la tranquilidad de la visualización, respiró profundamente. Mi papel era guiarla a través de este proceso de autoexploración y resolución, utilizando la técnica de la hipnosis genealógica como herramienta para liberar el potencial de transformación interior.

Gracias a esa primera sesión, que el universo me había conducido a experimentar, comprendí plenamente el potencial de la hipnogenealogía. Me gustaría describir brevemente al lector de qué se trata. Es una técnica que se basa en la idea de que las experiencias traumáticas de nuestros antepasados pueden influir en nuestra vida actual, y que la hipnosis puede ser un método extremadamente efectivo para resolverlas. Esta metodología se funda en la hipótesis de que los traumas no resueltos o las dinámicas familiares complejas pueden ser heredados a través de las generaciones, influyendo en nuestro bienestar psicológico y emocional. La técnica tiene como objetivo sacar a la luz estas dinámicas ocultas, lo cual permite a la persona explorar y resolver los impactos de las experiencias pasadas en su vida presente. Durante una sesión de hipnosis genealógica, el operador utiliza la hipnosis como medio para permitir al sujeto acceder a las memorias ancestrales y revivir, en una forma simbólica, las experiencias de los antepasados. El proceso involucra diversas fases, cada una de las cuales está diseñada para llevar al sujeto a una mayor conciencia y comprensión de los vínculos entre los traumas pasados y su propio vivir actual.

La primera fase es una fase de preparación, en la que el operador ayuda al sujeto a relajarse y a concentrarse en su respiración. A través de técnicas de inducción, lo guía a un estado de trance hipnótico, un nivel de conciencia alterado que facilita el acceso a las profundidades de la mente. Una vez alcanzado el estado de trance, se realiza una visualización del árbol genealógico. Durante esta fase, al sujeto se le anima a visualizar a sus ancestros, a percibir sus rostros, sentir su presencia y observar el ambiente en el que vivieron. Posteriormente, el operador ayuda al sujeto a establecer una conexión emocional con los ancestros, alentándolo a explorar las emociones y sensaciones que surgen durante la visualización. Se busca establecer un vínculo empático que le permita comprender las dinámicas familiares y los traumas que pueden haberse transmitido a través de las generaciones. A veces, también puede ser útil revivir en primera persona las experiencias de los ancestros. El sujeto podría percibir escenas, emociones o percepciones relacionadas con eventos traumáticos o situaciones significativas ocurridas en el pasado. Este proceso debe realizarse con sumo cuidado, permitiendo al sujeto explorar las experiencias de manera segura y guiada. Una vez revividas las experiencias de los ancestros, se trabaja para explorar las conexiones entre tales experiencias y los patrones de comportamiento actuales. A través de la conciencia y la aceptación, se busca promover la resolución de los traumas heredados, permitiendo al sujeto liberarse de patrones dañinos y emprender un camino hacia un mayor equilibrio personal.

Es importante enfatizar que la hipnosis genealógica requiere una guía experta y cuidadosa. Los terapeutas que utilizan esta técnica deben estar adecuadamente formados y ser competentes en el uso de la hipnosis como técnica dirigida a incrementar el bienestar de la persona, además de poseer un buen entendimiento de la psicología y la dinámica familiar. La precaución y la sensibilidad son esenciales para navegar a través de las profundidades de las experiencias personales y familiares durante el proceso.

Personalmente, concluí ese día con un estado de excitación mezclado con satisfacción y cansancio. Mi primera sesión, aunque ocurrió de manera totalmente involuntaria y sorprendente, se transformó en un gran éxito. Antes de sumergirse en la profunda experiencia de la sesión de hipnosis genealógica, Bárbara me había contado que se encontraba enfrentando un oscuro y angustiante abismo. Un fuerte deseo de muerte, un sentimiento que anidaba en su psique, devorando cada chispa de esperanza. Las dificultades relacionadas con las intrincadas dinámicas familiares y una identidad confusa habían tejido una red sofocante, de la cual Bárbara luchaba desesperadamente por escapar.

Aunque nunca había intentado actos irreparables, el peso de las tensiones emocionales y los *impasses* existenciales la habían empujado en varias ocasiones a contemplar la idea de acabar con un sufrimiento que parecía no tener fin. La ansiedad y la depresión, generadas por la incertidumbre sobre su propia identidad y las complejas relaciones familiares, se habían transformado en un oscuro deseo de liberación, una fuga que parecía la única salida.

En este estado de profunda angustia, la sesión de hipnosis genealógica se había revelado como un faro de esperanza, ofreciéndole la oportunidad de explorar las raíces de ese dolor insidioso y de resolverlo en su origen. La reelaboración de los recuerdos de Svevo resultó ser como un poderoso medio de resolución, un viaje a través del pasado capaz de ofrecer a Bárbara una nueva perspectiva, rica en conciencia y esperanza, y de sustraerla al oscuro abrazo que la había perseguido.

Durante el desarrollo de la sesión, había tenido la oportunidad de imaginar y percibir claramente que la vida de Bárbara brotaba como una flor en el jardín de la conciencia. Los recuerdos de Svevo, una vez fuente de dolor, se convertirían ahora en un camino iluminado por la comprensión.

La sesión de hipnosis genealógica había ofrecido a Bárbara un viaje introspectivo a través de las vidas de sus ancestros, enfocándose particularmente en las experiencias de Svevo, el abuelo enigmático que había vivido en la sombra de secretos y contradicciones. A través de este proceso de exploración, Bárbara había alcanzado una serie de conclusiones y resoluciones, y se había liberado de varios problemas prácticos y psicológicos que habían influido en su vida.

Primero, la comprensión de su verdadera identidad y de sus relaciones familiares. Gracias a la hipnosis genealógica, pudo acceder a los recuerdos de Svevo y comprender la complejidad de sus elecciones y sus sentimientos. Esta conciencia ayudó a Bárbara a clarificar la diversidad de las dinámicas familiares, permitiéndole abrazar la complejidad de las relaciones y liberarse.

Comprendió que las heridas emocionales y los traumas y tensiones familiares estaban arraigados en eventos pasados y no tenían nada que ver con su vivencia personal. Bárbara, a través de la reelaboración de los recuerdos de Svevo, había enfrentado y revivido las experiencias dolorosas de los ancestros. Este proceso permitió una especie de catarsis emocional, posibilitándole procesar y liberar emociones reprimidas que habían contribuido a su estado de ansiedad y depresión.

La hipnosis genealógica también reveló actos de valentía y recursos internos presentes en la historia de Svevo. Bárbara, identificándose con estas cualidades, estaba redescubriendo su fuerza interior y resiliencia. Se estaba liberando de sensaciones de impotencia y había comenzado a percibir su propio potencial para enfrentar los desafíos de la vida con mayor confianza.

Además, la sesión había arrojado luz sobre los patrones de comportamiento que se habían repetido a través de las generaciones. Bárbara, consciente de estos esquemas, estaba por emprender el camino hacia la transformación personal. A través del entendimiento de los orígenes de ciertos comportamientos, se volvería más capaz de modificar las respuestas automáticas y construir relaciones más saludables.

La historia de Svevo también le había evidenciado la complejidad de las conexiones humanas. Bárbara, a través de esta conciencia, redescubriría el valor del amor. Aprendería a mirar más allá de las apariencias y a apreciar el vínculo humano que supera el juicio social.

En resumen, la sesión de hipnosis genealógica le había proporcionado una herramienta valiosa para explorar su pasado familiar, liberarse de cargas emocionales y desarrollar una mayor conciencia de sí misma. Este proceso le permitiría enfrentar la vida con una nueva perspectiva, liberándola de ataduras invisibles y abriendo el camino hacia un crecimiento personal y relacional más profundo.

Cuando finalmente Bárbara abrió los ojos, su rostro reflejaba una serenidad recién nacida. «Gracias», susurró con gratitud. «¡He aprendido tanto sobre mí hoy!».

Sonrió, con los ojos llenos de una nueva claridad. La historia de Svevo, a través de la magia de la hipnosis genealógica, había actuado como un catalizador para una profunda transformación personal. Y en ese momento, el jardín imaginario de su corazón parecía florecer en una belleza radiante, iluminado por la luz del amor.

DESAPARECIDA

Han pasado más de veinte años desde que entré en contacto con la técnica de la hipnosis, y ya desde el primer momento sentí una profunda conexión con esta increíble metodología, que luego se reveló como un camino que me llevó a explorar los recovecos más ocultos de la mente humana. Pero el giró inesperado que dio la consulta de Bárbara logró sacudir los cimientos de mi práctica profesional, llevándome a considerar una dimensión totalmente nueva: el poder de la hipnosis en la resolución de traumas genealógicos.

El cambio ocurrió gracias a ella, que inicialmente se presentó en mi estudio con una serie de síntomas de ansiedad y ataques de pánico sin una causa aparente. Su compleja historia familiar, marcada por eventos traumáticos que parecían resonar en su vida actual, fue el detonante que me llevó a cuestionarme sobre el impacto de los traumas genealógicos en la psique individual. Un tema que hasta entonces no había captado particularmente mi atención.

Aunque haya estudiado varios posgrados en los campos de la psicopatología clínica, la hipnosis Ericksoniana y los trastornos de la ansiedad y del estado de ánimo, decidí que era necesario profundizar en el tema, y le dediqué meses de estudio e investigación. El primer paso fue sumergirme nuevamente en las teorías psicoanalíticas, especialmente en los escritos de Carl Jung, a quien considero un gran maestro y fuente de inmensa inspiración para mi trabajo. Mi experiencia de más de cuatro años con la psicoterapia junguiana no solo me ha proporcionado las bases para operar todos estos años, sino que ha contribuido de manera sustancial a mi crecimiento personal. La relectura de su teoría del inconsciente colectivo y de los arquetipos me ofreció una nueva perspectiva sobre la transmisión intergeneracional de los traumas. El fundador de la psicología analítica ha dejado un legado teórico vasto y profundo, que incluye también reflexiones sobre la herencia psicológica y la influencia de los antepasados en la psique individual. El inconsciente colectivo y los arquetipos representan quizás los conceptos más cercanos a esta área de interés.

Jung creía que además del inconsciente personal existía un inconsciente colectivo, una especie de depósito de experiencias humanas acumuladas a lo largo de la historia. Este inconsciente colectivo no es personal sino universal, compartido por todos los seres humanos y transmitido a través de las generaciones. Está constituido por arquetipos, que son modelos innatos o ideas primitivas, que se forman y evolucionan a lo largo de los siglos. Los arquetipos, según Jung, son elementos psíquicos heredados que influyen en la manera en que percibimos y vivimos el mundo. Emergen en nuestros sueños, en nuestras fantasías, en la mitología, en el arte y en las religiones, actuando como un puente entre lo personal y lo universal. Son formas sin contenido, que adquieren significado solo cuando son «llenadas» por las experiencias individuales y culturales.

Para Jung, entonces, los ancestros no influyen en la psique individual a través de rasgos o recuerdos heredados específicos, sino más bien a través de estos patrones arquetípicos que residen en el inconsciente colectivo. Estos arquetipos, como la Gran Madre, el Héroe, la Sombra y el Ánima, representan temas universales y dinámicas psicológicas que todos nosotros, en alguna medida, experimentamos.

La influencia de los ancestros, en el contexto de las ideas de Jung, puede verse como la transmisión de estos arquetipos que continúan influyendo en las generaciones sucesivas. No se trata de una herencia de experiencias o traumas específicos, sino más bien de una herencia de patrones psíquicos que forman la estructura básica de la psique humana. Él sostenía que la exploración del inconsciente colectivo y la comprensión de los arquetipos podrían proporcionar profundos *insights* sobre nuestra vida y nuestra personalidad. A través del análisis de sueños, el arte, la mitología y otras formas de expresión simbólica, podemos conectarnos con estos arquetipos y, en consecuencia, con la herencia psíquica de los ancestros.

Cuanto más leía y me documentaba, más mi intuición, desencadenada por la sesión que tuve con Bárbara, me confirmaba que estaba frente a algo que constituiría un gigantesco paso adelante para mis sesiones, y no solo las mías: una técnica tan potente para acceder a las profundidades de la mente humana como la hipnosis constituye un puente perfecto hacia esta profunda herencia psíquica y proporciona un medio para conectarse con los arquetipos y resolver los traumas generacionales.

Siempre he considerado la hipnosis, con su capacidad de llevar a una persona a un estado alterado de conciencia, una herramienta que puede permitir el acceso al inconsciente colectivo y facilitar su exploración. En este estado, los límites entre lo consciente y lo inconsciente se diluyen, permitiendo al individuo acceder a recuerdos, emociones y patrones que de otro modo permanecerían ocultos. A través de técnicas hipnóticas, se puede alentar al sujeto a explorar simbólicamente los arquetipos, proporcionando una vía para comprender e integrar aspectos profundos de su propia psique.

En la resolución de traumas generacionales, la hipnosis puede ser particularmente efectiva. Ya que Jung sostenía que, aunque no heredamos recuerdos o experiencias traumáticas específicas, llevamos con nosotros patrones psíquicos que pueden estar directamente relacionados con los traumas de los ancestros, y estos patrones pueden manifestarse como tendencias comportamentales, bloqueos emocionales o patrones relacionales. La hipnosis puede ayudar a identificar y modificar estos patrones, facilitando un proceso de reelaboración que trasciende la única generación.

Había tenido la oportunidad de comprender cómo durante una sesión hipnótica se puede guiar al sujeto a través de una serie de visualizaciones y sugerencias que apuntan a conectarlo con arquetipos específicos. Por ejemplo, explorando el arquetipo del Héroe, un individuo puede aprender a superar obstáculos y miedos, reconociendo su propia fuerza y resiliencia. De manera similar, enfrentarse al arquetipo de la Sombra puede ayudar a integrar aspectos reprimidos o negados de la personalidad, promoviendo una mayor autenticidad e integridad. Este proceso no solo ofrece *insights* e información de carácter personal, sino que también puede revelar dinámicas familiares y transgeneracionales. A través de la hipnosis, los individuos pueden volverse

conscientes de cómo ciertos patrones han sido transmitidos por las generaciones anteriores y cómo estos
pueden ser transformados de tal manera que los individuos pueden liberarse a sí mismos y, potencialmente, a
las futuras generaciones de ciclos de sufrimiento y conflicto. La hipnosis constituye, en mi opinión, el medio
de elección que nos permite navegar en el inconsciente
colectivo y conectarnos con la herencia psíquica de los
ancestros de la misma manera que nos conecta a existencias pasadas.

Este enfoque no solo ayuda a resolver problemas
personales, sino que también proporciona una conciencia más profunda de cómo estamos vinculados a las
generaciones pasadas y de nuestro lugar en el devenir
de la historia humana. También en lo que respecta a la
individuación, es decir, el proceso de convertirse en un
individuo distinto y completo, integrando los elementos del inconsciente en la conciencia. Este proceso implica también un enfrentamiento con los arquetipos y,
en cierto sentido, con la herencia de los ancestros, ya
que permite reconocer y transformar los patrones heredados de modo que se viva una vida más auténtica y
realizada.

Había logrado volver a contactar con el pensamiento de Jung sobre la herencia psicológica y la influencia
de los ancestros y había descubierto que ofrecen una visión profunda de la complejidad de la psique humana,

destacando cómo estamos conectados con el pasado y cómo esto puede influir en nuestro camino hacia la autorrealización. A través de la comprensión de los arquetipos y su papel en nuestra psique, podemos comenzar a entender cómo los ecos de los ancestros resuenan en las profundidades de nuestro ser.

Mi siguiente paso fue dedicarme al estudio de la psicogenealogía, un campo que explora la conexión entre la historia familiar y los patrones de comportamiento individuales. Autores como Anne Ancelin Schützenberger e Iván Böszörményi-Nagy me proporcionaron más datos y me hicieron entender aún más cómo los destinos individuales a menudo están intrínsecamente vinculados a los de los ancestros, cuyos secretos y traumas no resueltos pueden influir en la vida de los descendientes. Incluso me interesé en el trabajo de Bert Hellinger y en las llamadas *constelaciones familiares* y participé en varias sesiones.

Después de todo, el enfoque de la hipnosis de Milton Erickson, que había estudiado en profundidad directamente con uno de sus alumnos en la universidad, era no convencional y basado en el uso de metáforas y narrativas que facilitaban el cambio. Erickson creía firmemente en el poder del inconsciente para encontrar soluciones creativas a los problemas psicológicos. Su habilidad para guiar a los pacientes a través de un proceso de autodescubrimiento y curación ha sido siempre una fuente de inspiración para mi trabajo. Al mismo tiempo, siempre he sostenido, gracias a mis estudios en neurociencia, que las experiencias traumáticas pueden alterar las estructuras neuronales, y que la hipnosis puede ser una herramienta eficaz para reestructurar estas redes neuronales alteradas. Todos estos elementos me han permitido adoptar desde el principio un enfoque más holístico, combinando la curación emocional con el aspecto neurológico del cambio.

Comencé entonces a integrar estos nuevos descubrimientos con las técnicas de hipnosis. Mi objetivo era ayudar a personas como Bárbara a conectarse con sus historias familiares, para sacar a la luz y reelaborar los traumas y patrones transmitidos por sus ancestros, utiiando la hipnosis para facilitar un viaje al pasado que les permitiera explorar y reescribir las narrativas familiares que los marcaban desde el inconsciente. Mi práctica evolucionó así, convirtiéndose en un viaje no solo por la psique individual de las personas, sino también por sus raíces genealógicas. La experiencia con Bárbara me había permitido entender que la resolución de problemas y la búsqueda del bienestar no solo concierne al individuo, sino también a las generaciones pasadas y futuras.

—¡Gianna ya debería estar aquí! —susurró Marco con voz impregnada de empatía. El hombre estaba reclinado en el diván frente a mí y parecía identificarse completamente con esas palabras.

—¿Quién es Gianna? —pregunté.

—Es mi hija. Yo soy Renata.

—¿Quién es Renata?

—Mi abuela, la abuela de Marco.

Mi pregunta era legítima ya que quien hablaba era un hombre de más de cincuenta años, de un metro ochenta de estatura, de peso normal con una figura de apariencia sobria y distinguida. Aunque el tiempo parecía haber trazado leves arrugas en su rostro, testimonio de su experiencia de vida, sus ojos azules aún brillaban con una luz vivaz y reflejaban la profundidad de sus emociones. Sus cabellos castaños, ahora salpicados de hilos plateados, estaban peinados con esmero y añadían un toque de elegancia a su aspecto. Su barba bien cuidada le aportaba un aura de madurez y sabiduría. Vestía un traje impecable, un conjunto oscuro que realzaba su figura esbelta. Un hombre de pocas palabras, pero de profundo conocimiento de la vida que había enfrentado muchos desafíos. Sin embargo, detrás de esa fachada se escondía una sombra oscura y pesada. Marco me explicó que era una persona en constante lucha con un fuerte sentimiento de culpa que en mi opinión parecía manifestar comportamientos típicos de un trastorno obsesivo-compulsivo (TOC). Su mente está a menudo absorbida por pensamientos persistentes y no deseados que se centran en posibles errores o fracasos. Estos pensamientos lo llevan a dudar constantemente de sí mismo y de sus acciones, provocando una culpabilidad casi permanente. Su obsesión por el control se manifiesta de varias maneras, como rituales o rutinas específicas que siente la urgente necesidad de seguir para aliviar la ansiedad. Estos rituales, sin embargo, son algo más que simples hábitos; son acciones que siente que debe realizar para evitar sentirse aún más culpable. La combinación de un fuerte sentimiento de culpa y la obsesión por el control afectaban notablemente su vida diaria. Marco evitaba situaciones que consideraba arriesgadas o potencialmente embarazosas, limitando así sus actividades sociales y profesionales. Este aislamiento, lamentablemente, no hacía más que alimentar aún más el ciclo de pensamientos obsesivos y comportamientos compulsivos. Su vida no estaba completa y reportaba sentirse exhausto y estresado debido a la constante lucha interna. A pesar de sus esfuerzos, nunca lograba hacer suficiente para aplacar sus temores y sentimientos de culpa, lo que lo llevaba a sentimientos de inadecuación y baja autoestima.

En ese momento, Marco estaba reviviendo la vida de su abuela Renata. Es necesario recordar, para evitar confusión, que durante una sesión de hipnosis regresiva la persona se sumerge en un estado de conciencia alterado y es guiado en un viaje dentro de su propia mente inconsciente. En este estado, el sujeto se vuelve particularmente receptivo y abierto a explorar memorias y sensaciones que trascienden la consciencia ordinaria.

Un fenómeno único que puede ocurrir durante estas sesiones es la capacidad del sujeto de experimentar simultáneamente su propio punto de vista subjetivo y el de una persona del pasado con la que se ha identificado. Al mismo tiempo, el sujeto mantiene una conexión con su yo actual. Es consciente de estar en el presente, acostado en el sofá o en la camilla, y reconoce que las experiencias que está viviendo son exploraciones de su psique. Este doble nivel de conciencia permite una forma única de introspección. El sujeto no solo «ve» y «siente» como la persona del pasado, sino que también es capaz de reflexionar sobre estas experiencias desde la perspectiva de su yo presente. Esta dualidad de perspectivas ofrece una oportunidad de profunda comprensión psicológica. El sujeto puede comenzar a notar paralelismos o temas recurrentes entre la vida de la persona del pasado y su vida actual. La experiencia simultánea de los dos puntos de vista, si es necesario, permite además al sujeto distanciarse emocionalmente de las experiencias traumáticas o intensas. Mientras revive eventos del pasado, la conciencia de su yo actual proporciona una especie de anclaje, permitiéndole procesar las experiencias con mayor objetividad y menos sufrimiento emocional. Durante una sesión de hipnosis regresiva, la capacidad de experimentar tanto el punto de vista subjetivo actual como el de una persona del pasado ofrece, por lo tanto, una oportunidad única de introspección y comprensión psicológica.

Era una tranquila mañana, bajo el cielo azul de la Llanura Padana, y me encontraba en el patio de una casa de campo. Marco me había pedido expresamente poder realizar la sesión en la casa familiar donde había vivido su abuela Renata. La brisa ligera acariciaba su rostro mientras lo guiaba a un estado de trance profundo, llevándolo a los recovecos de su memoria para revivir la vida de su ancestro. La respiración de Marco era calmada y rítmica, y sus ojos, cerrados al mundo exterior, reflejaban el imaginario paisaje de la sugestión hipnótica.

—Marco, sumérgete en los recuerdos de Renata. Intenta percibir el patio a tu alrededor, las voces del pasado. ¿Cómo te sientes?

Su respuesta, fruto de la imaginación y la empatía, se fusionó con la narración hipnótica, y el hombre comenzó un debate interior con la abuela fallecida.

—Marco, querido, necesito entender. Gianna fue ayer por la noche a una fiesta, pero no ha vuelto. La noche ha pasado tranquila, pero siento que algo malo ha ocurrido. Sabes que a menudo tengo premoniciones.

La figura de Renata cobraba forma en los vívidos relatos de su nieto. El hombre la describía con una delicadeza conmovedora.

—La abuela Renata era una presencia envolvente, una mujer cuyos ojos reflejaban la profundidad de un dolor vivido —comenzó a narrar, con la voz cargada de empatía—. Su cabello gris con algunos mechones aún dorados era movido por el viento. Su rostro, marcado por las arrugas, contaba su historia de alegrías y penas.

Marco, en estado de trance, continuó su relato detallando cada rasgo del rostro de Renata.

—Sus ojos, una combinación de sabiduría y melancolía, miran al vacío como si buscaran respuestas en el pasado. Su sonrisa, un poco deslucida por las experiencias, transmite dulzura y compasión, pero también autoridad y juicio.

La descripción se extendió también a la forma en que Renata se presentaba físicamente en ese patio impregnado de memoria. Vestía un largo vestido negro, casi como una armadura. Sus manos, marcadas por el trabajo y la vida, se destacaban con gracia mientras sostenían un pañuelo de encaje, un recuerdo de tiempos pasados. El retrato de Renata, pintado con las palabras de Marco durante su trance, se convirtió en un fresco emocional en mi mente. Su postura era elegante, como si llevara consigo la carga de una historia familiar, pero también la fuerza para enfrentar el enigma del futuro. El patio, con su exuberante vegetación, parecía ser una parte integral de su existencia, una especie de extensión de su alma.

Cada detalle, desde la luz que acariciaba su rostro como si fuera una flor, contribuía a pintar un retrato íntimo de Renata.

—Podemos intentar comprender juntos —dije, guiando la mente del hombre a través del fluir de la historia—. ¿Estás listo para revivir esos momentos como si fueras la abuela Renata? ¿Listo para escarbar en los recuerdos?

Marco asintió con tristeza desde su estado de trance y luego continuó como la abuela Renata.

—Sí. Quiero saber. Quiero entender dónde está mi hija y qué le ha sucedido.

El amplio patio se convirtió casi en un escenario de representación hipnótica, en el que las palabras del hombre parecían encarnar un diálogo imaginario entre el nieto y la abuela. Con los ojos cerrados, él se sumergió en la corriente de sus pensamientos, buscando pistas y respuestas en ese mundo alterado. El silencio, interrumpido solo por el susurro del viento entre los árboles, envolvía la escena como un telón listo para revelar el drama oculto.

—Renata, por favor, guía a Marco a través de esa noche. Haz que emerjan todos los detalles, todas las emociones. Trata de entender, Marco, déjate llevar por tu propia mente —sugerí con un hilo ligero de voz que se entrelazaba con el fluir de sus imágenes.

Las palabras de Marco, ahora impregnadas de una tristeza palpable, comenzaron a narrar ese fatídico día.

—Gianna debería haber estado aquí ya —dijo, mientras la luz del sol dibujaba sombras en su rostro.

—Renata, tu hija Gianna fue a una fiesta. ¿Qué recuerdas de esos momentos, de las señales, de las sensaciones? —lo animé, tratando de deslizarme en la intimidad de su conexión imaginaria.

La voz de Marco, como un canto melancólico, continuó describiendo la búsqueda de Gianna, la creciente angustia, la oscuridad de la noche que se hacía cada vez más densa.

—Mi hija... tenía solo catorce años... su ausencia es un vacío insuperable —susurró, con la tristeza de las palabras que flotaban en el aire.

—Renata, ¿podemos buscar juntos? —pregunté—. Tal vez, redescubriendo estos recuerdos, puedas encontrar una clave para comprender.

Marco, escuchando mis palabras en estado hipnótico, se sumergió aún más en los recuerdos de Renata. Los detalles, el ambiente, los encuentros, todo cobró vida en su relato. Le pedí una descripción de Gianna. Me respondió que era una alegría radiante para cualquiera que tuviera el placer de conocerla. Su sonrisa contagiosa y los ojos centelleantes eran un reflejo de su alma alegre y su personalidad luminosa. Su cabello rizado, oscuro y ondulado, caía con gracia sobre sus hombros, enmarcando delicadamente su rostro. Siempre estaba en movimiento, con una energía abrumadora que transmitía un sentido de alegría y despreocupación a todos los que estaban a su alrededor. Siempre llevaba ropa colorida y un poco audaz, que reflejaba su espíritu rebelde y su deseo de vivir plenamente cada momento. Sus faldas de vuelo se mecían con gracia mientras bailaba al ritmo del *rock'n'roll* que tanto amaba. Gianna era una chica curiosa y abierta, siempre lista para hacer nuevos amigos y explorar el mundo que la rodeaba. Su risa alegre resonaba por dondequiera que fuera.

—¿Cómo te sientes?

—Me siento terriblemente culpable. Nunca debería haberle permitido ir a la fiesta.

—¿Tu marido está contigo?

—No. Él ya se fue a trabajar. Siempre está fuera y me toca a mí gestionar toda la familia. Debo ocuparme de todos. Es mi responsabilidad que las cosas vayan bien.

—¿Tienen otros hijos?

—Sí. Un niño y otras dos niñas.

Y luego, la cruel revelación en medio del campo: Gianna, su dulce hija, encontrada sin vida en un canal. Marco continuó el relato en boca de la abuela: la mañana estaba fresca y serena, con el sol que lentamente se alzaba en el horizonte. Renata estaba tomando una taza de café en el porche de su casa, impaciente y alerta. A las siete en punto, un coche se acercó lentamente al camino de entrada, levantando una ligera nube de polvo detrás de él. Era el vecino de al lado, Carlo, acompañado de su esposa María. Tenían una expresión tensa y preocupada, y Renata confirmó de inmediato que sus temores eran justificados y que algo andaba mal. Tan pronto como bajaron del coche, Carlo se acercó a

Renata. «Renata —dijo con voz temblorosa—, tenemos terribles noticias. Gianna fue encontrada en un canal, ha muerto».

El corazón de Renata se detuvo por un momento, un escalofrío le recorrió la espalda. No podía creer lo que estaba escuchando. Sus manos temblaban mientras sostenía la taza de café, que ahora parecía insignificante frente a la terrible noticia. María se acercó y puso una mano en el hombro de Renata en un gesto de consuelo silencioso. «Estamos aquí para ti, Renata —dijo con amabilidad—, lamentamos traerte estas noticias tan terribles. Si hay algo que podamos hacer para ayudarte, cuenta con nosotros». Las palabras parecían distantes e irreales para Renata, mientras trataba de enfrentar la devastadora realidad de lo que acababa de saber. La llegada de los vecinos, con la trágica noticia de Gianna, había perturbado la tranquilidad de la mañana y sacudido a su familia de una manera que todos tendrían dificultades para comprender durante mucho tiempo.

—Renata, debemos continuar. Intenta encontrar la fuerza para seguir adelante —sugerí, consciente de que el paso crucial de la historia aún estaba por revelarse.

El patio, escenario de esta dolorosa recreación, vibraba con emociones entremezcladas. La luz dorada parecía revelar secretos enterrados en el corazón de Renata y Marco. Y así, en la hipnosis, el pasado y el presente se mezclaban en un abrazo silencioso, listo para revelar el misterio de Gianna y la clave para comprender esa trágica noche. Con una respiración profunda, Marco se sumergió aún más en los dolorosos recuerdos. Las voces de la fiesta, las caras sonrientes, todo parecía resonar en el aire como ecos lejanos. La hipnosis había abierto una brecha temporal, permitiendo a Marco revivir de manera vívida aquellos momentos que se habían transformado en una pesadilla sin fin.

—Abuela, Dios mío, ¿qué pasó? —susurró Marco en trance, las palabras cargadas de angustia.

La voz de la abuela resonó primero en su cabeza para luego salir de los labios del hombre con una debilidad conmovedora.

—Gianna... yacía en ese barranco, como una flor cortada... no podía creerlo.

Mi papel se había vuelto muy delicado en ese momento.

—Marco, continúa guiando a Renata. Escarba en los recuerdos, intenta comprender qué sucedió después del hallazgo.

Marco, en el papel de la abuela Renata, narró el caos emocional que siguió al trágico descubrimiento. La llegada de las autoridades, las investigaciones, el funeral.... Cada detalle, cada emoción, se exploraba con profunda sensibilidad.

—Era como si la luz hubiera desaparecido de mi mundo. El dolor era palpable, envolvente. Ninguna madre debería jamás experimentar tal pérdida —dijo Marco, encarnando el sufrimiento de Renata—. La fiesta de anoche fue en casa de un compañero de clase, en otro pueblo cercano —continuó—. Gianna estaba emocionada, se había puesto su vestido favorito... ese azul con flores. —Su expresión se volvió más seria, reflejando la inquietud de la abuela—. Todos los chicos del pueblo estaban allí. Era una noche especial, con música, baile, risas..., pero luego, cuando llegó la hora de regresar, Gianna no estaba con los demás.

—Marco, ¿había alguien en particular con quien Gianna quería hablar esa noche? ¿Alguien que podría saber más? —Me concentré en sus palabras y traté de guiarlo para que reviviera cada detalle.

—Sí, estaba Luca, su mejor amigo —respondió—. Quizás él sepa algo. —Su voz se tornó más incierta, como si intentara sondear los recuerdos de Renata en busca de una pista, un detalle pasado por alto.

Decidí profundizar.

—Marco, ahora, como Renata, intenta pensar en Luca. ¿Cómo era su relación? ¿Crees que Luca podría revelar algo sobre esa noche?

Marco permaneció en silencio por un momento que pareció muy largo, respirando profundamente, luego dijo despacio:

—Luca era como un hermano para Gianna. Siempre estaban juntos.

—¿Cuáles son las últimas palabras que escuchaste decir a Gianna antes de que se fuera a la fiesta? —pregunté, esperando encontrar una clave para desbloquear el misterio.

—Estaba hablando por teléfono, parecía nerviosa. Decía «todo irá bien, nos vemos allí». No sé con quién hablaba... —La voz de Marco estaba cargada de frustración y remordimiento.

—¿Puedes describirme la escena del hallazgo?

Las palabras salieron de su boca con una fatiga y tristeza inimaginables.

—Fue... una escena horrible —susurró y su expresión se tensó—. Estábamos preocupados cuando Gianna no volvió a casa anoche. Empezamos a buscarla por todas partes. Luego, esta mañana, cuando la luz del día comenzó a filtrarse a través de los árboles, encontraron su bicicleta abandonada justo allí, en el camino que lleva al barranco. —Sus manos temblaban ligeramente, pero continuó con la voz quebrada por la emoción—. Empecé a llamarla, a gritar, esperando que respondiera. Pero todo lo que oí fue el silencio. Nos dirigimos hacia el barranco, donde los vecinos nos habían indicado, y... y allí la vimos. Gianna yacía inmóvil en el agua sucia y fangosa, su rostro tan pálido, tan... inanimado.

Las lágrimas comenzaron a brotar de los ojos de Marco mientras intentaba poner en palabras el horror de ese momento.

—La corriente se había llevado parte de sus cosas. Era como si el mundo entero se hubiera detenido. No podía creer lo que veían mis ojos. Era mi hija, mi dulce Gianna...

Se detuvo entonces, incapaz de continuar. Las imágenes de la escena del hallazgo eran como una pesadilla que Renata nunca olvidaría. Eran precisamente las palabras de una madre destruida por el dolor y la pérdida, obligada a describir la terrible visión que había cambiado para siempre su vida.

El rompecabezas comenzaba a tomar forma, pero aún faltaban muchas piezas. Debía de haber algo más en esa noche, un detalle que pudiera arrojar luz sobre el trágico fin de Gianna. Necesitábamos profundizar más, y para hacerlo, necesitaba que Marco se mantuviera en ese profundo trance, viviendo los recuerdos de la abuela Renata. Con cada palabra que Marco pronunciaba, una pieza del rompecabezas parecía encajar en su lugar, pero la figura completa seguía oculta en la sombra.

—Ahora intenta recordar si Gianna mencionó a alguien más en las semanas anteriores, alguien nuevo o inesperado en su vida —lo insté delicadamente.

Marco, aún profundamente sumido en el trance, asintió con un gesto imperceptible. Su frente se frunció, señal de un esfuerzo mental.

—Había alguien... un chico que había conocido recientemente. No era de nuestro pueblo, y no sé cómo se llamaba, pero Gianna parecía... preocupada, cuando hablaba de él.

—Bien, Marco, ahora concentremos nuestra atención en esa noche. Imagina que eres la abuela Renata y estás mirando por la ventana. ¿Qué ves? ¿Qué sientes? —Mi voz era como un faro en la niebla, buscaba desesperadamente guiar su mente a través de los meandros del tiempo.

Después de un momento, Marco respondió casi imitando la voz de Renata, cargada de una nueva ansiedad.

—Veo luces lejanas, oigo el ruido de un motor. Un auto que se aleja. Hay algo... estremecedor, en esa visión. Como un presagio.

—Has dicho que para ti estas experiencias de premonición no son tan inusuales —remarqué.

—Sí, es verdad. Y raramente me equivoco.

—¿Has hablado con alguien después de la desaparición de Gianna? Tal vez la policía, o los vecinos. ¿Hay algo que te hayan dicho que podría ser importante?

—La policía... —la voz de Marco temblaba—, dijeron que tal vez había tenido un desmayo. Pero no puedo creerlo, Gianna era tan joven y gozaba de perfecta salud.

Los detalles proporcionados por Marco eran vitales, y aun así cada información parecía aumentar el misterio en lugar de resolverlo. Con un ritmo melancólico propio de quien se adentra en los recovecos más oscuros de la memoria, Marco continuó narrando la dolorosa historia de Renata. Tras el trágico hallazgo de Gianna en el barranco, el tiempo parecía acompasarse con el dolor de la familia. El patio que, bajo el cielo azul de la Llanura Padana, había sido testigo de las alegrías familiares, ahora se convertía en el escenario de un due-lo indescriptible.

—¿Puedes hablarme del funeral de Gianna?

—Claro, tanto mi madre como mi abuela me lo han descrito varias veces.

Comenzó a contarme que el día del funeral fue un día gris y frío, en el que el cielo parecía compartir el luto que envolvía a la pequeña comunidad. Los árboles des-nudos a lo largo del camino parecían inclinarse en señal de respeto mientras la procesión se movía lentamente a través del cementerio. El sonido de los pasos suaves y los sollozos ahogados llenaba el aire, mientras amigos, familiares y vecinos del pequeño pueblo se reunían para decir adiós a Gianna. El ataúd, blanco como la pureza del alma de esa joven niña, estaba adornado con flores de colores que reflejaban su carácter alegre y radiante, pero contrastaban con el gris del cielo. La abuela Re-nata caminaba con paso pesado, el rostro marcado por el dolor, mientras apretaba la mano de su esposo. Las lágrimas fluían silenciosamente por sus mejillas mien-tras trataba de encontrar la fuerza para enfrentar la rea-lidad de lo que estaba viviendo. El sacerdote pronunció palabras de consuelo y esperanza, tratando de aliviar el dolor de los presentes con la promesa de una vida después de la muerte. Algo de lo que Marco no tenía ninguna duda. Los amigos de Gianna, llorando, recordaban sus risas alegres, su espíritu vivaz y su bondad inmensurable. Las palabras de afecto y conmoción llenaban el aire, mientras todos compartían recuerdos y sentimientos vinculados a esa joven vida truncada demasiado pronto. La despedida final fue acompañada por un silencio solemne, mientras el ataúd era depositado en la tumba preparada.

Era el momento de compartir el dolor y la pérdida, pero también de celebrar su breve pero significativa vida. Mientras la gente se alejaba del cementerio, el recuerdo de su sonrisa radiante y su espíritu luminoso, seguiría viviendo para siempre en los corazones de aquellos que la habían amado y conocido. El imaginario patio parecía ahora poblado de sombras, y el viento llevaba consigo un sentido de tristeza mientras la hipnosis permitía a Marco ver a través de los ojos de Renata, percibir la caída de cada pétalo de esperanza mientras la familia daba el último adiós a la joven.

Desafortunadamente, el misterio de la prematura muerte de Gianna nunca se resolvió y todo fue archivado como un simple desmayo que había causado la pérdida de control de la bicicleta. Renata, por supuesto, nunca se resignó y su vida después del desastre cambió radicalmente reflejando el paso del tiempo y las cicatrices que la tragedia había marcado en su alma. La casa, una vez llena de risas y vitalidad, se convirtió en un lugar de silencios y miradas vacías. El recuerdo de Gianna estaba en todas partes, una presencia que se hacía sentir en los detalles más insignificantes.

Quizás era solo el efecto de la hipnosis, pero el paisaje a nuestro alrededor sufrió una transformación simbólica.

Renata, a lo largo de los años, trató de seguir adelante, pero su sonrisa era un eco amortiguado de lo que había sido. Cada día llevaba el peso de la ausencia, y también la casa familiar que tanto amaba se transformó en un lugar cargado de recuerdos y remordimientos. El relato de Marco se desplegó a través de los años, revelando cómo Renata trató de dar sentido a una vida sacudida por la tragedia. El patio, alguna vez escenario de alegrías familiares, se convirtió en el campo de batalla de aquella mujer, que luchaba con su dolor, y se transformó en un refugio y una prisión emocional.

Marco se encontraba ahora completamente inmerso en la mente y las emociones de su abuela Renata. Mientras revivía el sentimiento de culpa y el peso de la pena que había llevado consigo durante todos esos años, le dirigí la pregunta crucial para tratar de encontrar un vínculo entre las sensaciones de su abuela y su propia vida.

—¿En qué te reconoces en las sensaciones que está experimentando tu abuela?, ¿cómo pueden ayudarte?

Después de un momento de reflexión, Marco respiró profundamente y comenzó a hablar con voz cargada de emoción.

—Siento las emociones de mi abuela porque siento el amor profundo que tenía por su hija, mi tía Gianna. Quisiera poder decirle que no fue su culpa, que no podía prever lo que iba a suceder. Pero sé que el sentimiento de culpa puede devorar el alma, y mi abuela ha llevado este peso consigo durante demasiado tiempo. Siento una profunda compasión por ella, porque sé que la culpa no la deja en paz. Pero quizás, a través de esta experiencia, podría encontrar una manera de ayudarla a soltar ese sentimiento aunque sea tarde. Tal vez pueda usar esta conexión con sus emociones para aprender a vivir cada momento con gratitud, a no dar por sentado el amor y la felicidad que tengo hoy. Lo que debo hacer es honrar la memoria de Gianna viviendo una vida plena y significativa, justo como mi abuela hubiera querido, porque sé que la vida es frágil y preciosa. Puedo usar esta experiencia para aprender a amar y proteger a quienes tengo cerca, justo como mi abuela hubiera querido hacer con su hija.

—Es importante, sin embargo, que este sentido de protección no se convierta en preocupación —le señalé. Siempre he encontrado interesante la composición léxica de esta palabra, que literalmente significa ocuparse antes de algo que aún no ha ocurrido. Pero como no tenemos la facultad de modificar en el presente el curso de eventos futuros, el concepto mismo se vuelve lógicamente imposible. Por lo tanto, preocuparse no solo es inútil sino también imposible.

—Tienes razón. Siempre tengo miedo de no poder evitar que sucedan cosas malas que presiento —confirmó Marco.

—¿Y eso te recuerda a alguien?

—Claro. Es exactamente lo que ha sentido la abuela Renata toda su vida. Se ha sentido culpable porque no impidió que la tía Gianna fuera a esa fiesta. Recuerdo que incluso en los años siguientes, cuando vino a vivir con nosotros, siempre estaba preocupada cada vez que salíamos de casa. Siempre tenía miedo de que nos pudiera pasar algo.

—Pero no siempre se puede pensar en controlarlo todo. ¿Te das cuenta de que este sentimiento de culpa no te pertenece? No pertenece a Marco —remarcaba.

—Sí. Sobre todo ahora, siento plena consciencia de que es imposible evitar que los eventos sucedan. Hay que aceptar la vida como un regalo. Cualquier cosa que llegue. No hay que tener miedo de vivir.

Esa última frase llenó mi corazón de alegría. Encontré verdaderamente iluminadora y profunda su afirmación sobre la importancia de vivir la vida sin miedo y de aceptar los eventos tal como vienen. Era una señal de un gran cambio. Me alegraba saber que estaba alcanzando este nivel de consciencia. Estaba seguro de que comenzaría a aplicar esta filosofía en su vida diaria y que esto le ayudaría a enfrentar y superar cualquier desafío que esta nueva perspectiva le pudiera presentar. Esta nueva consciencia constituía un punto de partida para fortalecer su capacidad de vivir sin miedo. En las sesiones siguientes, lo ayudé guiándolo en técnicas de visualización y sugestión para imaginar situaciones en las que pudiera sentirse libre de temores y abierto a aceptar los eventos tal como se presentan. También le recomendé que se pusiera en contacto con un psicoterapeuta clínico que pudiera ayudarlo a concentrarse en su control interno, recordándole que, mientras que los eventos externos pueden estar fuera de nuestro control, tenemos pleno poder para gestionar nuestras reacciones y respuestas a dichos eventos. Lo animé también a practicar la meditación y la atención plena a diario. Estar plenamente presente y consciente en el momento puede ayudarnos a reducir la ansiedad relacionada con el intento de prever o controlar el futuro.

Gracias a la abuela Renata y a la tía Gianna, Marco había dado ese día el primer paso en un viaje de significativo progreso que le ayudaría a manejar sus miedos y ansiedades de manera más efectiva y saludable.

HUIDO

Era un día frío y lluvioso, la atmósfera fuera de mi consulta parecía reflejar perfectamente el bullir de mis pensamientos. La sesión con Marco había sido iluminadora de maneras que nunca podría haber previsto y, al mismo tiempo, había planteado preguntas que, como escéptico que seguiré siendo hasta mi último día, me hacían oscilar entre la curiosidad científica y el profundo misterio de la existencia humana.

Sentado en mi escritorio, reflexionaba sobre la naturaleza peculiar de la hipnogenealogía, un campo que había descubierto y explorado con pasión, pero que comenzaba a plantear profundas dudas en mi mente. En sesiones anteriores, había observado a sujetos revivir, a través de sus antepasados, historias enterradas en el tiempo, emociones y memorias que parecían trascender su experiencia personal. Pero ellas habían añadido un nuevo nivel de complejidad a mi campo de estudio y trabajo.

Durante la hipnosis, Marco daba la impresión de tener acceso a recuerdos y experiencias que pertenecían no solo a él, sino a los antepasados de su familia. Sus descripciones eran tan detalladas, las emociones tan palpables que no podía evitar preguntarme: ¿era posible que realmente estuviera accediendo a las memorias de sus ancestros? Y si era así, ¿eso significaba que de alguna manera sus almas, o esencias, estaban interactuando con él?

Esta hipótesis me llevaba inevitablemente a reflexionar sobre las similitudes con las regresiones a vidas pasadas. Si en la regresión a vidas pasadas era el alma del sujeto la que viajaba a través de diferentes épocas, en la hipnosis genealógica parecía ser un proceso similar, pero con un enfoque en las almas de los antepasados en lugar de en las vidas pasadas del sujeto mismo.

La posibilidad de que las almas de los antepasados pudieran no solo conservar sus memorias y experiencias sino también, de alguna manera, comunicarlas a sus descendientes durante la hipnosis, abría un universo de preguntas. ¿Era esta una forma de memoria genética, un fenómeno psicológico aún inexplorado, o algo más profundo y misterioso?

Estas preguntas me llevaban a territorios ignotos, donde la ciencia se encuentra con el misticismo, donde la historia se entrelaza con la metafísica. Quizás, de alguna manera, las almas de los antepasados viven a través de nosotros, guiándonos e influyéndonos en formas que aún no hemos comenzado a comprender. Las sesiones con Bárbara y Marco habían abierto una puerta a un mundo que requería más exploración. Estaba claro que solo había comenzado a rascar la superficie de algo mucho más grande y complejo. Con estos pensamientos revoloteando en mi mente, sabía que mi viaje a través de lo profundo del alma humana y su historia quedaba lejos de llegar a su destino.

Mientras la lluvia golpeaba contra la ventana de mi consulta, mis pensamientos se hacían aún más profundos y se centraban en la posibilidad de una conexión y comunicación directa con el alma de los antepasados. Esta hipótesis, aparentemente en los confines de la realidad perceptible, sugería un puente entre el presente y el pasado, no solo a través de los recuerdos o las narraciones transmitidas sino a través de un vínculo directo e intrínseco con las almas de aquellos que nos precedieron. Considerando esta perspectiva, me encontraba ante una red intrincada de preguntas. Si existiera tal conexión, ¿era esa la manera correcta de explorarla? ¿Sería un fenómeno universal, accesible para todos, o como la mediumnidad estaría limitado a ciertos individuos con una sensibilidad o predisposición particular? Y, aún más fundamental, ¿qué implicaciones podría tener esta conexión para nuestra comprensión del alma, la conciencia y la continuidad de la vida más allá de la muerte?

Llevo años centrando mi vida en el estudio e investigación de nuestro último viaje y lo que nos espera después. Las regresiones a vidas pasadas, la mediumnidad, las experiencias cercanas a la muerte (ECM), la neurociencia..., había navegado a través de todas esas rutas y ahora el universo, no contento, me estaba añadiendo una nueva.

La idea de poder comunicar directamente con las almas de los ancestros abría escenarios extraordinarios. Quizás no somos meros observadores pasivos del pasado, sino participantes activos en un diálogo intergeneracional. En este diálogo, las almas de los ancestros no son entidades distantes e inalcanzables, sino presencias vivas y dinámicas, capaces de influir, guiar e incluso advertir a sus descendientes. Mi mente exploraba la posibilidad de que esta comunicación, al igual que con las vidas pasadas, pudiera ocurrir en diferentes niveles: a través de sueños vívidos, intuiciones repentinas, o en estados de trance como los inducidos por la hipnosis. En estos estados alterados de conciencia, las barreras entre el presente y el pasado se vuelven permeables, permitiendo un intercambio de sabiduría, conocimiento y experiencia.

Esta conexión directa con las almas de los ancestros podría también ofrecer una explicación a fenómenos como las llamadas «memorias genéticas». Quizás lo que percibimos como una memoria transmitida genéticamente podría en realidad ser el resultado de una interacción íntima con el alma de un ancestro. Después de todo, aquellos que me conocen saben que siempre he sido muy crítico con la teoría de la memoria genética transmitida a través del ADN. Esta idea, aunque fascinante, plantea una serie de dudas científicas y filosóficas que no puedo ignorar. En primer lugar, la ciencia moderna nos enseña que el ADN es el mecanismo a través del cual se transmiten los rasgos genéticos, como el color de los ojos o la predisposición a ciertas enfermedades. Sin embargo, la idea de que el ADN también pueda transportar recuerdos específicos, experiencias vividas o la conciencia de los ancestros entra en conflicto con nuestra comprensión actual de la genética y la neurobiología. Los recuerdos, como bien sabemos, están vinculados al funcionamiento del cerebro. Son el resultado de procesos neuronales complejos y no están codificados en el ADN. Las experiencias vividas por una persona no modifican la estructura de su ADN de tal manera que pueda transmitir esos recuerdos específicos a la siguiente generación. La neurociencia nos enseña que los recuerdos son el producto de la actividad cerebral, no de secuencias genéticas.

Además, la teoría de la memoria genética plantea cuestiones filosóficas profundas. Si fuera cierto que podemos heredar la memoria de nuestros ancestros, esto podría influir radicalmente en nuestro concepto de identidad individual. ¿Seguiríamos siendo seres únicos, con nuestras propias historias y experiencias, o meros vehículos de un legado colectivo que trasciende nuestra existencia personal?

También hay preocupaciones éticas que considerar. Si aceptáramos la idea de la memoria genética, podríamos sentirnos tentados a atribuir responsabilidad o méritos individuales a acciones y decisiones tomadas por personas que nos precedieron, una perspectiva que plantea problemas relacionados con la justicia y la autonomía personal. Además, no podemos ignorar el peligro de derivas pseudocientíficas. La historia está llena de ejemplos en los que teorías genéticas erróneas o mal interpretadas han sido utilizadas para justificar ideologías peligrosas y discriminatorias. Es fundamental, por lo tanto, acercarnos a estas ideas con un sano escepticismo y un compromiso hacia el rigor científico, cualidades que he intentado mantener a lo largo de todos estos años. Nuestra comprensión del ADN y la memoria aún está en desarrollo, y debemos estar abiertos a nuevos descubrimientos, manteniendo al mismo tiempo una actitud crítica y basada en la razón.

En cualquier caso, la nueva perspectiva de esa metodología que ahora puedo llamar oficialmente hipnosis genealógica o hipnogenealogía me sugería que cada individuo era un punto de convergencia en una red de almas, cada una de las cuales compartía una parte de su historia, su sabiduría y su esencia. Imaginaba que, si esta conexión fuera real, podría tener un impacto profundo en cómo nos percibimos a nosotros mismos y nuestra herencia. No seríamos meros herederos de un legado genético y cultural, sino guardianes y continuadores de un legado espiritual viviente. En esta luz, nuestra existencia adquiriría una dimensión adicional, un sentido de responsabilidad no solo hacia el futuro sino también hacia el pasado. Todas estas reflexiones me llevaban a considerar las implicaciones de tal conexión. Si fuéramos capaces de interactuar con las almas de los ancestros, ¿cómo deberíamos utilizar este don? ¿Qué responsabilidades derivarían del intercambio de experiencias y conocimientos con estas presencias ancestrales?

La sesión con Marco había abierto una brecha en un territorio inexplorado, donde los límites entre vida y muerte, pasado y presente, se difuminaban en un diálogo continuo y eterno. Me encontraba frente a un misterio que requería no solo más investigaciones sino también una profunda introspección sobre el significado y las posibilidades de esta conexión entre almas a través de las generaciones. Era un viaje que, sentía, podría transformar, una vez más, no solo mi práctica profesional sino también mi comprensión de la existencia humana.

Ya estaba oscureciendo en esa tarde otoñal y mientras esperaba la próxima cita, me encontraba contemplando cada aspecto de la teoría de la hipnosis genealógica. A pesar de mis reservas científicas, una parte de mí no podía evitar considerar la posibilidad de una conexión real entre las almas del sujeto en hipnosis y las de sus ancestros. Después de todo, siempre he creído y afirmado que la realidad no termina donde acaban nuestros cinco sentidos. Esta convicción me ha guiado todos estos años, impulsándome a explorar y aceptar que pueden existir aspectos de nuestra existencia que van más allá de la comprensión racional. La realidad, en todas sus facetas, es un mosaico complejo de experiencias y fenómenos, muchos de los cuales aún no están completamente comprendidos por la ciencia moderna. En las profundidades de la mente humana, en las habitaciones secretas del inconsciente, siempre he sospechado que existen puertas hacia distintos mundos y percepciones que trascienden nuestra experiencia cotidiana. Durante la hipnosis, cuando la mente se abre y se libera de las cadenas de la lógica y la racionalidad, estos mundos pueden manifestarse de maneras que desafían nuestra comprensión ordinaria.

La idea de que, en estado de hipnosis, un individuo pueda establecer una conexión con las almas de sus ancestros no es, por lo tanto, tan inverosímil en el contexto de mis creencias. Podría ser que, en estos momentos de extrema apertura mental, el sujeto logre acceder a una especie de red de conciencia, el famoso inconsciente colectivo teorizado por Jung, un campo compartido de memorias y experiencias que trasciende el tiempo y el espacio. Sin embargo, esta conexión podría no ser simplemente metafórica o simbólica, sino algo mucho más tangible y real. Quizás, lo que realmente ocurre es que el individuo penetra en el *coconsciente* familiar, ese espacio compartido descrito por Anne Ancelin Schützenberger, donde las emociones, traumas y secretos de generaciones pasadas permanecen latentes, esperando ser revividos o comprendidos. En este estado, el sujeto podría estar participando en una conciencia compartida por sus ancestros, donde los recuerdos y patrones familiares se transmiten y reviven en su propia psique.

Además, se podría pensar en este fenómeno como una manifestación del *coinconsciente* de Moreno (creador del psicodrama), donde no solo se comparte un espacio emocional y mental entre los miembros de una familia, sino que se establece una verdadera coexperiencia, un compartir simultáneo de vivencias, como si el tiempo se disolviera y permitiera a los vivos y los muertos experimentar juntos un mismo acontecimiento. Es en este terreno compartido donde los hilos de las vidas pasadas y presentes se entrelazan, revelando un continuo donde el individuo ya no es simplemente uno, sino muchos a la vez. Quizás es un vínculo que yace dormido dentro de nosotros, un hilo invisible que nos conecta a las generaciones pasadas, permitiéndonos acceder a su sabiduría, sus enseñanzas e incluso a sus emociones.

Aceptar esta posibilidad para mí significaba reconocer una vez más que hay dimensiones de la realidad que aún no comprendemos plenamente, misterios que esperan ser revelados. Significaba admitir que nuestra percepción del mundo es limitada y que la verdad, en toda su complejidad, puede ser mucho más extraordinaria de lo que imaginamos.

Al final, mi apertura a estas ideas no es una renuncia a la racionalidad, sino más bien un reconocimiento de que la racionalidad misma tiene sus límites. La ciencia, por poderosa que sea, aún está en una fase de crecimiento y hay muchas verdades que esperan ser descubiertas.

Mientras consumía gran parte de mis neuronas tratando de comprender lo que tenía delante, el interfono sonó con un timbre imperioso y prolongado.

Pocos minutos después, detrás de la puerta en el rellano frente a mí se encontraba Gabriel, un hombre de cincuenta y cinco años, que llevaba consigo las huellas visibles de una vida vivida intensamente y sin raíces fijas. Sobrepeso, con un físico robusto y una complexión enorme, su aspecto indicaba cierto desinterés por el cuidado personal y la forma física, quizás un reflejo de su vida nómada y sus prioridades en constante evolución. Su rostro, marcado por el tiempo y las experiencias, estaba enmarcado por cabellos que empezaban a encanecer. Sus ojos, de un color indefinido, reflejaban un aire pensativo y distante, como si estuvieran constantemente perdidos en los recuerdos de los lugares que había visitado. Sin embargo, a pesar de su edad, su mirada conservaba una chispa de vivacidad y una curiosidad juveniles, como testimonio de una vida pasada en un estado perpetuo de exploración y descubrimiento.

Durante una conversación inicial, tuve la oportunidad de descubrir que psicológicamente Gabriel era un hombre complejo. Su incapacidad para establecer relaciones duraderas y su vida nómada reflejaban un profundo sentido de inquietud e insatisfacción. A pesar de su deseo de conexión e intimidad, parecía incapaz de comprometerse en relaciones a largo plazo, tanto personales como geográficas. Esta dificultad podría estar arraigada en un miedo al compromiso o en una profunda inseguridad que lo llevaba a huir antes de ser abandonado.

Gabriel parecía tener dificultades para confiar en los demás, posiblemente debido a dolorosas experiencias pasadas, y esto hacía que fuera reacio a dejarse llevar completamente en una relación. Su elección de vivir en diferentes partes del mundo reflejaba una naturaleza aventurera y una curiosidad insaciable, pero también una posible huida de sí mismo y de sus miedos.

El constante cambio de lugar podía ser una manera de evitar enfrentar problemas internos, manteniendo una distancia segura de las personas y situaciones que podrían obligarlo a enfrentarse con sus sentimientos más profundos. Me dijo que deseaba que el regreso a España, su tierra natal, representara un punto de inflexión en su vida, un momento de reflexión y quizás de arraigo. Esperaba que su regreso pudiera ser visto como un intento de reconciliarse con sus orígenes y, quizás, consigo mismo, un paso hacia la aceptación de su identidad y sus experiencias de vida.

A pesar de su pasado, Gabriel seguía siendo una figura fascinante, un hombre cuya vida era un mosaico de culturas, experiencias y encuentros. Hablamos largamente y su historia era la de una búsqueda continua, no solo de lugares sino también de un sentido de pertenencia y autoconocimiento.

La habitación estaba envuelta en una luz tenue y tranquila, mientras Gabriel se acomodaba lentamente en el sillón. Siguiendo mis instrucciones, sus párpados comenzaron a temblar ligeramente, señal de que estaba entrando en un estado de relajación profundo. Lo observaba con atención mientras me disponía a guiar su mente hacia un viaje en el tiempo, en la historia de su familia. La sesión de hipnosis genealógica que habíamos emprendido tenía un propósito muy específico: conectar a Gabriel con su bisabuelo, un hombre que llevaba su mismo nombre.

Mientras Gabriel se adentraba cada vez más en el estado de trance hipnótico, su respiración se volvía más lenta y regular. Comenzó a describir imágenes y sensaciones que surgían de su conciencia.

—¿Dónde te encuentras? —empecé.

—Estoy al aire libre.

—¿Me describes el paisaje que te rodea, por favor?

—Huelo el aroma de la tierra árida típica del interior de España, veo las colinas onduladas que se extienden hasta el horizonte y puedo sentir el calor del sol en la piel.

La expresión de su rostro cambió y de repente parecía completamente sumergido en el papel de su bisabuelo.

—¿Qué sucede?

—Me encuentro en un pequeño pueblo. Las casas son de piedra y están pegadas unas a otras a lo largo de calles estrechas y sinuosas.

—¿Puedes describirme al bisabuelo Gabriel? ¿Ya estás en contacto con él?

—Sí. El bisabuelo Gabriel era un hombre fuerte y orgulloso, pero con una mirada que escondía una inquietud. En este momento, se encuentra involucrado en una acalorada discusión con un vecino. La disputa comenzó por motivos triviales, pero rápidamente se transformó en una pelea a puñetazos, con palabras duras y amenazas que se escuchan por todo el pueblo.

Gabriel describía con voz temblorosa la intensidad de aquel enfrentamiento, sentía la ira y la frustración de su bisabuelo que se abrían camino en él. La situación había alcanzado su clímax cuando el vecino, en un arrebato de ira, había amenazado de muerte al bisabuelo Gabriel. Era un momento de inflexión, un punto de no retorno que había marcado profundamente su existencia.

En su narración, Gabriel contaba cómo el bisabuelo, conmocionado y preocupado por la seguridad de su familia, había tomado entonces una decisión drástica y valiente. Esa misma noche, con pesar en el corazón y la mente agitada, había comenzado a preparar las maletas. La decisión estaba tomada: con solo quince años de edad, dejaría su tierra natal en busca de un futuro mejor y más seguro. Argentina, con su promesa de oportunidades y un nuevo comienzo, se había convertido en su destino.

—Ahora comprendo por qué deseabas comunicarte con tu bisabuelo. Parece que tenéis algo en común.

—Eh... sí. —replicó Gabriel sin demasiada convicción. Los detalles sobre la vida del bisabuelo no eran suficientes para que el hombre pudiera elaborar una conclusión.

—¿Qué sucedió a su llegada a Argentina?

—Parece muy cansado. El viaje ha sido duro.

Gabriel, aún sumido en las profundidades del trance, comenzó a narrar con una voz que parecía provenir de otra época, describiendo la llegada de su bisabuelo a Argentina. Era como si estuviera viviendo en primera persona cada momento de aquel viaje transoceánico y de la subsiguiente inmersión en una tierra completamente nueva. La travesía en barco había sido larga y difícil. El bisabuelo Gabriel se encontraba en un gran barco de vapor, abarrotado de inmigrantes de cada rincón de Europa, cada uno con la esperanza de una vida mejor. Las condiciones a bordo eran espartanas; las cabinas estaban superpobladas y el aire estaba impregnado por la mezcla de olores de comida, mar y humanidad. Durante el día, el bisabuelo pasaba horas mirando el horizonte, contemplando las olas infinitas y soñando con su futuro. Las noches estaban animadas por relatos, canciones y oraciones, un *collage* de culturas e idiomas que se fusionaban en una única voz de esperanza y expectativa. Después de semanas en el mar, finalmente, el barco alcanzó el puerto de Buenos Aires. El bisabuelo Gabriel bajó del barco junto con la marea de otros inmigrantes, cada uno cargado de maletas y bolsas que contenían toda su vida. El registro como inmigrante fue un proceso burocrático largo, pero finalmente, con todos los documentos en mano, el bisabuelo pisó oficialmente Argentina.

Las calles de Buenos Aires eran un torbellino de actividad y vida. Podía visualizar, gracias a la descripción de Gabriel, la arquitectura europea de la ciudad, los cafés al aire libre, los puestos coloridos y los aromas exóticos que se mezclaban en el ambiente. Había gente por todas partes, algunos apresurándose hacia su próxima cita, otros simplemente disfrutando del sol en una plaza o en un banco. El bisabuelo, aún desorientado y abrumado por la novedad de todo, se encontró vagando por las calles, observando la vida a su alrededor. Fue en este deambular sin rumbo que se encontró con un grupo de otros españoles, hombres que, como él, habían dejado su tierra natal en busca de oportunidades. Después de una conversación animada, en la que intercambiaban historias y experiencias, le ofrecieron un trabajo en una de las numerosas minas del país. La idea de trabajar en la mina infundía temor, pero también era emocionante. El bisabuelo sabía que sería un trabajo duro, pero representaba también la posibilidad de construirse una nueva vida, de ganar lo suficiente como para poder traer un día a su familia con él o, quizás, volver a España con una nueva fortuna.

Mientras Gabriel relataba estas experiencias, su voz estaba llena de emoción, como si estuviera viviendo cada momento de tensión, esperanza y aventura de su bisabuelo. Era evidente que este viaje al pasado estaba teniendo un profundo impacto en él, dándole una nueva perspectiva sobre la fuerza y el coraje de sus antepasados y, por extensión, sobre su propia vida. Siguiendo al bisabuelo en este viaje cargado de emociones, podía percibir la mezcla de sentimientos: el miedo a lo desconocido, la tristeza por lo que dejaba atrás, pero también una tenaz esperanza y una firme determinación. Era como si estuviera viviendo en primera persona esas emociones, sintiendo el peso de las maletas en sus manos, el olor del salitre mientras se acercaba al puerto, y el sonido de las olas al romper contra el muelle, símbolo de una despedida y un nuevo comienzo.

Esa sesión de hipnosis genealógica parecía ser no solo una ventana al pasado de su bisabuelo, sino que se había revelado como un viaje de descubrimiento personal para Gabriel. Finalmente empezaba a entender que su vida y la de su bisabuelo tenían algo en común.

La hipnosis le dejó un nuevo conocimiento de sí mismo y de su herencia familiar, una conciencia de que el coraje y la resiliencia eran cualidades que había heredado y que lo habían acompañado, quizás inconscientemente, en todas sus decisiones de vida. En ese momento, comprendió que las raíces de su existencia eran mucho más profundas e interconectadas de lo que jamás había imaginado.

—Gabriel, me has contado de la llegada de tu bisabuelo a Argentina y de su inicio en la mina. ¿Puedes describirme con más detalle cómo era su vida laboral allí? —Mi curiosidad me impulsó a profundizar en esa parte de la historia.

—Trabajaba en una mina de plata cerca de San Juan. Los días eran largos y agotadores. Él siempre decía que el trabajo en la mina era duro, pero que le hacía sentir vivo. Extraía y transportaba minerales, rodeado de otros hombres que compartían el mismo destino. Había una especie de solidaridad entre ellos, un vínculo nacido del esfuerzo y la esperanza —respondió Gabriel, con una voz que reflejaba un gran respeto por el esfuerzo de su bisabuelo.

—¿Y cómo era su vida cotidiana, fuera del trabajo? —continué, buscando que pintara un cuadro más completo.

—Después del trabajo, volvía a una pequeña habitación que compartía con otros dos mineros. La vida era sencilla. Comían juntos, compartían historias y a veces jugaban a las cartas. No tenían mucho, pero había un fuerte sentido de comunidad. Los fines de semana, iba al mercado, o a veces a la iglesia. Era una forma de sentirse un poco más cerca de casa, de lo que había dejado en España —respondió Gabriel, sus ojos parecían lejanos, como si estuviera visualizando esas escenas en su mente.

—Interesante. Y respecto a su vida sentimental, ¿tu bisabuelo conoció a alguien especial en Argentina? —pregunté, cambiando el enfoque a un aspecto más personal.

Gabriel sonrió ligeramente antes de responder.

—Sí, conoció a una mujer, Rosa. Trabajaba como camarera en un pequeño café donde él solía parar a menudo. Contaba que fue su amabilidad lo que lo atrajo primero. Tenía una sonrisa que le calentaba el corazón. Empezaron a verse regularmente. A ella le encantaba escuchar las historias sobre su vida en España y sus sueños para el futuro.

—Entonces, ¿construyeron una vida juntos en Argentina? —pregunté, intrigado por este giro romántico en la historia.

—Eh, no exactamente. Su historia fue muy breve. Rosa tenía otros planes para su vida, no quería quedarse en Argentina. Al final, decidió mudarse a Brasil. Fue una despedida difícil para el bisabuelo, pero él entendió. Continuó trabajando en la mina y construyendo su vida allí, llevando siempre en su corazón el recuerdo de Rosa —concluyó Gabriel, con una mezcla de tristeza y aceptación en su voz.

Escuchando su relato, entendí cuán profundamente estas historias del pasado resonaban en su vida presente, ofreciéndole nuevas perspectivas e intuiciones.

—Gabriel, noto algunos paralelismos entre tu vida y la del bisabuelo. Ambos habéis vivido experiencias de cambio y habéis enfrentado la soledad de maneras similares. ¿Piensas que puede haber una lección o un mensaje en esta conexión? —pregunté, buscando guiarlo hacia una reflexión más profunda.

—Quizás... Nunca lo había pensado de esa manera. Ambos hemos dejado España, nuestra tierra natal, es cierto. Y ambos hemos tenido dificultades en las relaciones... —respondió Gabriel.

—Exacto, y pensando en cómo tu bisabuelo manejó estos cambios y desafíos, ¿crees que su ejemplo podría ayudarte a enfrentar tus propias dificultades actuales? —proseguí.

—Bueno, a pesar de las dificultades, él parecía encontrar una especie de paz en su nueva vida. Quizás el mensaje es que el cambio no es necesariamente negativo, puede ser una oportunidad para crecer... aunque dé miedo —reflexionó Gabriel, quien parecía haber ganado una nueva perspectiva.

—Exactamente, Gabriel. Y en cuanto a las relaciones, ¿cómo piensas que el bisabuelo enfrentó el final de su historia con Rosa? ¿Crees que hay algo que aprender de cómo manejó esa situación? —pregunté, buscando conectar sus experiencias sentimentales con las del bisabuelo.

—Él continuó viviendo, a pesar del dolor. No se rindió a la tristeza. Quizás... quizás yo también debería tratar de seguir adelante, a pesar de las decepciones amorosas. Aprender a vivir con los recuerdos sin dejar que esas experiencias definan quién soy como persona —respondió él, con una voz que revelaba una creciente conciencia.

—Exacto, Gabriel. Y respecto al trabajo y la vida cotidiana del bisabuelo, ¿ves alguna lección aplicable a tu situación actual? —pregunté, animándolo a reflexionar sobre aspectos más amplios de su vida.

—Él encontró una comunidad, a pesar de estar lejos de casa. Yo... quizás debería intentar construir relaciones más fuertes, en lugar de huir cada vez que las cosas se ponen difíciles. Y quizás encontrar un lugar, un trabajo, una rutina que me den un sentido de estabilidad —meditó Gabriel, casi como si estuviera hablando consigo mismo.

—Parece que estás empezando a ver el valor de echar raíces y construir relaciones estables. Tu bisabuelo, a pesar de los desafíos e incertidumbres, encontró una manera de crear una vida significativa. Puedes hacer lo mismo, Gabriel, aprendiendo de su ejemplo y aplicando estas lecciones a tu vida —concluí, esperando que esta nueva conciencia lo ayudara a encontrar mayor paz y satisfacción.

Le pedí entonces a Gabriel que me contara cómo había proseguido la vida del bisabuelo. Él se sentaba frente a mí, su rostro estaba relajado y brillaba con una luz nueva mientras comenzaba a narrar la evolución de la vida de aquel otro Gabriel, una historia que parecía trascender el tiempo y el espacio, conectándonos con un pasado lejano pero increíblemente vivo en sus detalles.

—Después de la dolorosa separación de Rosa, mi bisabuelo encontró una especie de redención en su trabajo en la mina —comenzó Gabriel—. Trabajaba incansablemente, quizás para olvidar o quizás para construir algo sólido en su nuevo mundo. Con el tiempo, su dedicación fue apreciada y fue ascendido a un puesto de supervisión. Ya no era solo uno de los hombres que excavaban en la tierra, sino alguien que tenía una responsabilidad hacia los demás. Esto cambió su manera de verse a sí mismo.

Continuó describiendo cómo, a pesar de las dificultades iniciales y la soledad, el bisabuelo comenzó a echar raíces en la comunidad de Buenos Aires.

—Se unió a una asociación de inmigrantes españoles. Allí, encontró amistad y un sentido de pertenencia. También comenzó a participar activamente en los eventos culturales de la ciudad, en los que descubrió una pasión por la música y la danza argentinas. Esto le ayudó a sentirse más en casa, más integrado en la sociedad en la que había elegido vivir.

»El cambio más grande en su vida fue el encuentro con Elena, una mujer de origen italiano que trabajaba como profesora. Ella tenía una visión de la vida que lo inspiraba: positiva, emprendedora y profundamente arraigada en su comunidad. Elena se convirtió en su esposa y juntos tuvieron tres hijos. Mi familia, en cierto modo, comenzó con ellos.

Gabriel luego describió cómo el bisabuelo gradualmente dejó el trabajo en la mina para abrir una pequeña panadería.

—Era su sueño, tener algo propio, un lugar donde la gente pudiera encontrarse, intercambiar historias y compartir un pedazo de su vida. La tienda se convirtió en un punto de referencia en el barrio, un lugar de encuentros y de intercambios culturales.

»A pesar de las dificultades y los obstáculos, mi bisabuelo nunca perdió la esperanza o la fuerza para seguir adelante. Trabajó arduamente para dar a sus hijos una educación y un futuro mejor. Siempre me ha impresionado cómo, a pesar de todo, logró convertir cada desafío en una oportunidad de crecimiento. Le debemos mucho.

Gabriel parecía reflexionar profundamente sobre las lecciones aprendidas de la vida de su bisabuelo.

—A través de su historia, estoy comprendiendo la importancia de la resiliencia, el compromiso y la capacidad de adaptarse a nuevas situaciones. Su ejemplo me ha hecho entender que, no importa cuán difícil pueda ser la vida, siempre hay espacio para la esperanza y para la creación de algo hermoso y significativo.

Escuchando a Gabriel, me di cuenta de cuán profundamente las historias de nuestros antepasados pueden influir en nuestra percepción de nosotros mismos y del mundo que nos rodea. La vida del bisabuelo de Gabriel era un rico tejido de experiencias, decisiones y cambios que no solo habían moldeado el curso de su familia, sino que también habían dejado una huella indeleble en el propio Gabriel.

Ese relato me llevó a una profunda reflexión sobre las conexiones entre genética y personalidad. Gabriel había descrito a su bisabuelo como un hombre resiliente, emprendedor y capaz de adaptarse a nuevas realidades, cualidades que, curiosamente, parecían reflejar aspectos de la personalidad del propio Gabriel. Esto me llevaba a preguntarme: ¿era posible que su carácter se pareciera al de su bisabuelo debido a una predisposición genética?

La genética del comportamiento es un campo de estudio que explora el papel de los genes en el comportamiento humano. Según diversas investigaciones, algunos rasgos de la personalidad, como la extroversión o la neurosis, pueden tener un componente hereditario significativo. Sin embargo, es importante subrayar que la personalidad es el resultado de una interacción compleja entre genética y ambiente. Los genes pueden predisponer a un individuo a ciertos rasgos, pero son las experiencias de vida, la educación y el contexto social los que moldean definitivamente la personalidad.

En el caso de Gabriel y su bisabuelo, podría ser que algunos rasgos hubieran sido transmitidos genéticamente. Por ejemplo, la tendencia a la resiliencia y la adaptabilidad podría estar determinada de algún modo por variantes genéticas que afectan la regulación de las emociones y la respuesta al estrés. Al mismo tiempo, no se podía ignorar la importancia de las experiencias de vida de ambos. El bisabuelo había vivido un periodo de grandes cambios y desafíos, que inevitablemente habían moldeado su carácter. Gabriel también había enfrentado sus propios desafíos personales, que habían contribuido a formar su personalidad.

Otro aspecto a considerar es la teoría de la epigenética, que estudia cómo las experiencias de vida pueden influir en la expresión de los genes. Según esta teoría, algunas experiencias, especialmente las estresantes o traumáticas, pueden dejar una huella epigenética que puede ser transmitida a las generaciones siguientes. Esto no significa que las experiencias específicas o los recuerdos se hereden, sino más bien que el ambiente puede influir en cómo se expresan los genes.

Era entonces posible que hubiera un componente genético que contribuyera a hacer similares a Gabriel y a su bisabuelo en términos de personalidad, pero era igualmente probable que sus experiencias de vida y los contextos en los que habían vivido jugaran un papel fundamental. La personalidad es un mosaico complejo, construido no solo con los bloques genéticos heredados sino también con los infinitos matices de la experiencia humana. Un rompecabezas que la ciencia y la psicología están aún lejos de resolver.

El tiempo parecía haberse detenido, pero ya era el momento de concluir la sesión. Apenas Gabriel abrió lentamente los ojos, vi un cambio evidente en su expresión que ahora reflejaba una nueva conciencia, una especie de paz interior que no había notado antes. Respiró profundamente, reajustándose al presente, y luego me miró con una sonrisa de gratitud. Hoy en día, después de tantos años, puedo afirmar que esa sonrisa y la expresión al final de cada sesión de cada persona que guío en hipnosis son la recompensa más maravillosa y una constante confirmación de que el camino que he elegido es el correcto.

—Este viaje al pasado... ha sido increíble —empezó Gabriel, aún con la voz cargada de la emoción del viaje recién concluido.

—Parece que has encontrado algunas respuestas y, quizás, una nueva perspectiva sobre tu vida. ¿Qué piensas llevar contigo de esta experiencia? —le pregunté, interesado en saber cómo esta sesión había influido en su visión del presente.

—Siempre he sentido que cargaba un peso, una herencia invisible. Pero ahora, entiendo que de nuestros antepasados no solo se transmiten los problemas, también la fuerza, resiliencia y la capacidad de adaptarse. Esta experiencia ha revelado cualidades que no creía tener —respondió Gabriel.

—Parece que has descubierto una conexión profunda con tu bisabuelo y, a través de él, con partes de ti mismo que estaban ocultas u olvidadas —observé.

—Sí, exactamente. Y lo sorprendente es que, aunque mi bisabuelo vivió en una época y un mundo completamente diferentes, sus desafíos, sus éxitos e incluso sus fracasos… todo eso resuena conmigo, aquí y ahora. Me hace sentirme menos solo en mi camino —agregó Gabriel, con un atisbo de asombro en su voz.

—La hipnosis genealógica tiene este poder único de conectarnos con nuestras raíces de maneras que a veces superan la comprensión racional. Te ayuda a ver que las historias del pasado pueden iluminar tu presente y guiarte hacia el futuro.

Gabriel asintió, asimilando las palabras.

—Nunca hubiera imaginado que explorar el pasado pudiera tener un impacto tan profundo en mi presente. Esta experiencia ha cambiado la percepción de mí mismo y de mi familia. Siento que ahora tengo una base más sólida sobre la cual construir mi vida.

—Como la hipnosis a vidas pasadas, este también es un viaje que muchos encuentran transformador. Y recuerda, las lecciones aprendidas hoy del pasado pueden ser un faro para tu futuro —añadí, mientras nos preparábamos para concluir la sesión.

Gabriel se levantó del sillón, su postura era más erguida, más segura. Dijo simplemente «gracias», pero su mirada comunicaba mucho más que esa sola palabra.

Mientras dejaba mi consultorio, reflexionaba sobre cómo la hipnosis genealógica no es solo una técnica de resolución de problemas, sino una herramienta de conocimiento más profundo de nosotros mismos y de nuestra posición en el devenir de la historia. Cada sesión era un recordatorio del vínculo ininterrumpido entre pasado, presente y futuro, un vínculo que, una vez revelado, podía ofrecer una claridad y dirección extraordinarias en la vida de una persona.

SEPARACIONES

Me sentía invadido por un sentido de profunda satisfacción y gratitud. Reflexionando sobre las diversas sesiones de hipnosis genealógica que había conducido, estaba particularmente impresionado por el contraste entre la hipnosis regresiva y la hipnosis genealógica.

La hipnosis regresiva, con su exploración de vidas pasadas, requería que los sujetos viajaran a territorios desconocidos y a menudo indescifrables. Este tipo de hipnosis podía resultar difícil para algunos, ya que requería establecer contacto con experiencias e identidades completamente ajenas a la conciencia actual del sujeto. Aunque podía ser una experiencia profundamente iluminadora, no siempre era fácil para todos acceder a tales estados de conciencia o encontrar significado y aplicabilidad en la información recopilada. Por el contrario, la hipnosis genealógica se centraba en la exploración de las historias y experiencias de los ancestros, un territorio que, aunque remoto, también era parte integral de la historia personal del sujeto. Esta forma de hipnosis permitía a los sujetos conectarse con figuras familiares, aunque separadas por generaciones, haciendo la experiencia más inmediata y a menudo más cercana. Las personas encontraban más fácil y se sentían más cómodas explorando su propia historia familiar, encontrando ecos de sus propias experiencias actuales en las vidas de los ancestros. Esta conexión con el pasado les aportaba una mayor conciencia de sí mismos y de las dinámicas familiares que podían influir en su vida presente.

Era precisamente esta la fuente de mi felicidad; me llenaba de alegría saber que, a través de la hipnosis genealógica, podía ofrecer un tipo de resolución y comprensión más accesible y directa. Y aún más emocionante es el pensamiento de que, simplemente leyendo este libro, muchas personas puedan encontrar ayuda. El mero hecho de reflexionar sobre las historias de sus antepasados, de explorar sus vidas y los desafíos que enfrentaron, puede proporcionar a los lectores pistas inmediatas para una mayor comprensión de sí mismos. El inconsciente, esa entidad misteriosa y poderosa dentro de nosotros, es de hecho capaz de encontrar por sí mismo las conexiones y entretejer los hilos del pasado y del presente, ofreciendo así nuevas perspectivas y soluciones a los problemas de la vida actual.

Esta conciencia me hacía confiar en que la hipnosis genealógica pudiera ser una herramienta poderosa de autodescubrimiento y resolución de problemas, accesible a muchos, quizás incluso sin la necesidad de una sesión directa. Era una perspectiva que abría nuevas puertas, no solo para las personas que podría guiar a través de la hipnosis.

A pesar de mi profundo entusiasmo por lo que la hipnosis genealógica representará en el futuro, no pretendo de ninguna manera menospreciar la eficacia y el valor de la hipnosis regresiva a vidas pasadas a la que —como el lector sabe— me he dedicado durante casi veinte años. Esta última, con su capacidad para explorar experiencias e identidades en épocas lejanas, posee un potencial único y profundamente transformador. Estoy convencido de que ambas técnicas, la hipnosis regresiva y la genealógica, son diferentes, pero también complementarias en su aplicación. Cada una ofrece un camino único hacia el bienestar y la comprensión de uno mismo, y juntas conforman un marco holístico.

La hipnosis regresiva puede ser particularmente útil para aquellos que se sienten atrapados en patrones recurrentes o problemas que parecen no tener raíces en su vida actual. A través de la exploración de vidas pasadas, los sujetos pueden adquirir percepciones que conducen a un mayor conocimiento personal y, en algunos casos, a una resolución de problemas persistentes.

Por otro lado, la hipnosis genealógica puede ser particularmente poderosa para aquellos que buscan entender y resolver problemas familiares o temas recurrentes que parecen transmitirse de generación en generación.

La verdadera fortaleza reside en el enfoque holístico que combina varias técnicas. De esta manera, se puede proporcionar un cuadro más completo y multidimensional, que considera no solo la historia personal y familiar sino también las experiencias y lecciones que podrían provenir de vidas pasadas. Este enfoque integral permite abordar una amplia gama de problemas comportamentales, físicos y emocionales, ofreciendo a los sujetos una variedad de herramientas y perspectivas para su camino hacia el bienestar.

Mi objetivo, como siempre, es ayudar, y el tiempo y la experiencia me han enseñado que esto no se logra a través de un solo método o técnica, sino más bien a través de un enfoque que considera al individuo en su totalidad: su historia personal, su legado familiar y, quizás, también sus experiencias en vidas pasadas. Es esta visión holística e integrada la que permite desbloquear nuevos niveles de comprensión, llevando a las personas a vivir una vida más plena, consciente y armoniosa.

Cuando Laura entró en mi consulta por primera vez, su presencia llenó inmediatamente la habitación. Era una joven de veinticuatro años de radiante belleza, con largos cabellos rubios que le caían en suaves ondas sobre los hombros. Alta y esbelta, se movía con una gracia que unía una elegancia innata con cierta reserva. Sus ojos eran de un azul claro y brillante, pero parecían esconder un océano de emociones no expresadas, una mezcla de ansiedad y determinación. Desde el punto de vista psicológico, Laura aparecía como una persona compleja y profundamente reflexiva. A pesar de su juventud, había en ella una madurez que se transparentaba a través de sus palabras y de la manera en que articulaba sus pensamientos. Era evidente que tomaba muy en serio su vida emocional y sus relaciones, quizás incluso demasiado, dada la carga que parecía llevar sobre sus hombros.

Laura se sentó frente a mí, cruzando las piernas con un gesto que denotaba una mezcla de autocontrol y nerviosismo. Comenzó a hablar de su vida en Barcelona, describiendo una existencia que, aunque rica en oportunidades, era fuente de considerable estrés y ansiedad. Aunque ya tenía un trabajo estable y vivía con su novio, su discurso reveló a una joven que luchaba por encontrar su lugar en el mundo, dividida entre el deseo de independencia personal y la presión de ajustarse a las expectativas de la sociedad y de la familia, especialmente en cuanto a su obsesivo deseo de formar una familia. Era muy consciente de sus problemas relacionados con la codependencia afectiva que caracterizaban su relación de pareja. Su capacidad para reconocer y verbalizar estos problemas indicaba una buena capacidad de introspección. Sin embargo, parecía estar atrapada en un círculo vicioso de amor y ansiedad, donde su fuerte apego era tanto una fuente de consuelo como de estrés emocional. Su deseo de maternidad y de estabilidad familiar era palpable. Laura hablaba de su sueño de construir una familia como un objetivo que debía alcanzar a toda costa, una especie de misión que había absorbido gran parte de su energía emocional.

Esta obsesión, como ella misma la definía, parecía ser más que un simple deseo: era casi como si intentara llenar un vacío o corregir un error del pasado, algo que iba mucho más allá de su deseo personal de maternidad.

Mientras la escuchaba, empezaba a sospechar que su historia familiar podría tener una influencia significativa en sus actuales luchas emocionales. Estaba claro que esa sesión de hipnosis genealógica podría ofrecer importantes *insights* sobre cómo las experiencias del pasado estaban moldeando sus miedos, esperanzas y deseos en el presente.

—Háblame de tu familia, de tu infancia —le pedí a Laura, intentando adentrarme en su mundo interior y en la historia que había traído consigo.

—Mi familia... bueno, es una historia complicada —comenzó con una voz ligeramente temblorosa y tomó una respiración profunda, casi como si estuviera a punto de sumergirse en un mar de recuerdos lejanos—. Mi abuelo era originario de un pequeño pueblo aquí en Cataluña. Su vida fue trastocada por las tensiones sociales que había aquí cuando él era joven. Decidió huir a Francia, donde conoció a mi abuela, una mujer de origen italiano. Se casaron y, además de mi madre, tuvieron otro hijo.

—¿Tu madre es francesa?

—Mi madre nació y creció en Francia, pero la cultura española siempre ha sido una parte importante de su vida, gracias a las historias de mi abuelo. Las historias sobre su pueblo natal, las tradiciones, su fuga... todo esto ha generado en mí un vínculo especial con Cataluña. Además, al fin y al cabo, yo nací y crecí en Barcelona. —Laura hizo una pausa, parecía perderse en sus pensamientos—. Cuando España comenzó la transición hacia la democracia, mi abuelo decidió volver. Era su sueño, regresar a sus raíces, pero mi abuela no quería dejar Francia, su vida estaba allí. Al final, mi abuelo volvió solo, dejando atrás a su familia.

—Para tu madre fue un *shock*, imagino.

—Mi madre era todavía muy joven cuando todo esto sucedió. Vivió esta separación como un gran trauma. Mi abuelo volvía a visitarnos, pero siempre había esta sensación de división, de una familia rota.

—¿Cómo te diste cuenta de eso cuando eras pequeña?

—Mientras crecía, siempre percibí esta fractura en mi familia. Había amor, por supuesto, pero también un sentido de pérdida, de algo que no podía ser reparado. Quizás por eso siempre he deseado tan ardientemente una familia unida, estable. No quiero que mi futura familia viva la misma separación y el dolor que vivieron mis abuelos y mi madre.

—¿Tu madre te hablaba a menudo de ellos?

—Mi madre siempre intentó llenar ese vacío, crear un ambiente cálido y acogedor para mí y mi hermano. Pero siempre había un sentido de nostalgia, un deseo no resuelto. Y creo que eso también me ha marcado. Siempre he sentido la presión de crear la familia perfecta, de no repetir sus errores. Pero ahora me doy cuenta de que esta obsesión está afectando negativamente a mi vida y mi relación con mi novio. Es como si estuviera intentando resolver un problema que en realidad no me pertenece.

Escuchando el relato de Laura, se hacía cada vez más claro cómo la historia de su abuelo y el sentido de pérdida y división vivido por su familia habían dejado una huella emocional profunda. Su lucha por crear una familia estable y unida era en realidad un intento de sanar las heridas del pasado, un deseo comprensible pero que se estaba convirtiendo en una carga demasiado grande para llevar a su joven edad. Era evidente que nuestra sesión debía concentrarse no solo en sus ansiedades personales sino también en cómo la historia familiar estaba moldeando su presente.

Me preparé entonces para inducir a Laura a un estado hipnótico, ocupándome primero de la atmósfera para crear un ambiente tranquilo y relajante. Las luces estaban atenuadas y una música suave y tranquila llenaba delicadamente la habitación. La invité a sentarse cómodamente y a concentrarse en su respiración, guiándola hacia una relajación profunda.

—Mira fijamente la punta del bolígrafo que sostengo en mi mano frente a tus ojos. Concéntrate en tu respiración... Deja que cada inhalación te lleve más cerca de un estado de profunda calma y cada exhalación te libere de las tensiones —susurré con voz calma y reconfortante.

A medida que Laura se relajaba, su respiración se volvía más lenta y regular, sus ojos se cerraron suavemente y su cuerpo pareció hundirse en el sillón. Una vez seguro de que Laura estaba en un estado profundo de trance, comencé a guiarla hacia su inconsciente.

—Laura, te encuentras en un lugar seguro y tranquilo, un lugar donde puedes acceder a los recuerdos y experiencias de tu abuelo. Cuéntame sobre su vida, los desafíos que tuvo que enfrentar.

Laura, en estado hipnótico, comenzó a hablar con una voz lejana, casi como si estuviera narrando un cuento de otra época.

—Mi abuelo era un hombre joven en esa época tan problemática. Trabajaba como enfermero en el hospital de su pequeño pueblo. Recuerdo... o mejor dicho, él me contó que siempre tenía que estar atento a lo que decía y a en quién confiar.

—¿Por qué?

—Todos tenían un miedo constante. La libertad de expresión era un lujo que no podían permitirse. Mi abuelo tenía que esconder sus verdaderas convicciones. Recordaba las visitas nocturnas de la policía, los arrestos y las desapariciones de personas conocidas. Cada día era un tira y afloja entre la supervivencia y el mantenimiento de la propia dignidad. El abuelo me hablaba a menudo de lo difícil que era mantener viva su cultura. Se sentía como si cada aspecto de su identidad estuviera bajo sospecha y fuera susceptible de ataque. No podía hablar su idioma, no podía celebrar sus tradiciones. Había una especie de resistencia sutil, una forma de mantener viva su cultura dentro de las paredes del hogar, lejos de los ojos de las autoridades.

—Parece una situación surrealista y tan lejana de la realidad que vivimos ahora en Barcelona —comenté.

—Las vejaciones eran cotidianas. No solo físicas, sino también psicológicas. La constante opresión, el miedo a ser escuchados o seguidos. Mi abuelo vivió tiempos de angustia, siempre con el temor de dar un paso en falso que podría haberle costado la vida o la de sus seres queridos. Esta situación dejó una marca inde-leble en él. Incluso después de haber huido a Francia, siempre había una parte de él que permanecía atrapada en aquel período. La libertad que encontró en Francia nunca pudo borrar completamente las cicatrices deja-das por ese tiempo tan difícil.

—¿Hay detalles o episodios destacados que recuer-des ahora? —Deseaba que el abuelo, a través de Laura, comunicase de la manera más detallada posible las ve-jaciones sufridas.

Aún en estado de trance hipnótico, Laura empezó a relatar con voz suave pero intensa.

—El abuelo me habló de muchas experiencias du-ras. Era un tiempo de gran miedo y opresión para él y para muchos otros. Un episodio en particular que lo marcó profundamente. Un día, mientras caminaba por las calles de su pueblo, fue detenido por los soldados. Lo acusaron injustamente de distribuir material propa-gandístico. Sin ninguna prueba, fue llevado a una ha-bitación oscura donde fue interrogado durante horas. A pesar de no tener nada que confesar, fue golpeado y amenazado.

—Intenta recordar más —la insté, sabiendo que cuan-tos más detalles sobre aquella existencia mayor posibi-lidad de resolución de los problemas actuales de Laura.

—Otro episodio que recordaba a menudo estaba relacionado con su idioma. Hablarlo en público estaba prohibido y podía llevar a graves consecuencias. Un día, mi abuelo y un amigo suyo fueron sorprendidos hablando cerca de un bar. Los soldados los detuvieron y los humillaron públicamente, obligándolos a caminar por las calles del pueblo mientras eran ridiculizados e insultados. Este evento le afectó profundamente, ya que su idioma y su cultura eran para él fuentes de gran orgullo e identidad. Me contó también cómo era difícil mantener viva su propia cultura en aquellos tiempos. Él y otros del pueblo se reunían secretamente por la noche para cantar canciones tradicionales y contar historias populares. Siempre había riesgos, siempre el miedo de ser descubiertos. En una de estas reuniones, los soldados irrumpieron. Muchos fueron arrestados, algunos nunca regresaron. Mi abuelo logró escapar, pero desde ese día fue siempre más cauteloso. Estos eventos dejaron una impronta en su vida. El miedo y la represión se convirtieron en parte de su cotidianidad. Incluso después de su huida a Francia, el recuerdo de estas vejaciones continuó atormentándolo. Siento una mezcla de rabia y tristeza al revivir esos momentos, pero es como si también estuviera ayudándolo a él a procesar el dolor y la rabia que sintió.

Mientras Laura hablaba, era claro cuán profundamente las historias de su abuelo la habían influido. Sus palabras no eran solo un relato histórico; eran un viaje emocional al corazón y a la mente de su antepasado. Su conexión con el abuelo a través de la hipnosis genealógica estaba revelando no solo detalles de su vida sino también las raíces emocionales y psicológicas de algunas de las ansiedades y miedos de Laura. Esta comprensión era fundamental para ayudarla a trabajar en sus problemas actuales, ofreciéndole una perspectiva más amplia sobre sus luchas internas y sus aspiraciones.

—¿Puedes conectarte con él, con su esencia y contarme cómo fue la huida a Francia y qué sintió? —pregunté delicadamente a Laura, buscando profundizar su conexión con el abuelo durante el estado hipnótico.

Laura, aún sumergida en el trance, asintió ligeramente; su expresión reflejaba una concentración intensa.

—Es extraño, me siento como si estuviera allí con él... —comenzó, su voz era un susurro—. El abuelo me dijo que la decisión de huir no fue fácil. Amaba su tierra, pero sabía que quedarse significaba arriesgar su vida y la de su familia. La noche antes de la partida fue la más larga de su vida. Recuerda haber mirado a su madre, que lloraba en silencio, sabiendo que quizás nunca la volvería a ver. La fuga a Francia fue un viaje marcado por el miedo y la incertidumbre. Viajó de manera oculta, escondiéndose durante el día y moviéndose de noche. El temor de ser descubierto era constante. Cada ruido, cada movimiento brusco podía significar ser capturado. Recuerda haber cruzado los Pirineos a pie, el frío que penetraba hasta los huesos, el hambre, la sed..., pero también había una extraña sensación de liberación con cada paso que lo alejaba de España. Cuando finalmente llegó a Francia, estaba exhausto pero aliviado. Sin embargo, la libertad que encontró no borró el dolor de la separación y la pérdida de su tierra. Sentía una mezcla de gratitud y tristeza. Estaba agradecido por estar a salvo, pero su corazón aún estaba en España.

—¿Cómo fue su vida al llegar a Francia? —pregunté, tratando de sumergirme más profundamente en las experiencias del abuelo de Laura.

—Al llegar, la vida de mi abuelo fue un verdadero choque cultural. Se encontró en un país que era completamente diferente a su tierra natal. No conocía bien el idioma, y esto le generaba un sentido de aislamiento que lo oprimía cada día. —continuó con la voz profunda y lejana que parecía flotar en el tiempo—. El primer trabajo que consiguió fue en una pequeña fábrica cerca de Marsella. Era un trabajo duro, que le ocupaba mucho tiempo y que le proporcionaba un salario mínimo. Pero mi abuelo estaba determinado a construirse una nueva vida. Recuerda las primeras amistades que se formaron en ese lugar, con otros trabajadores inmigrantes, algunos de los cuales eran españoles como él. Había solidaridad entre ellos, compartían las mismas dificultades y esperanzas.

—¿Y su vida más allá del trabajo?

—En su tiempo libre, trataba de aprender francés. Se inscribió en clases nocturnas en una escuela local. Fue allí donde conoció a mi abuela, una profesora voluntaria que ayudaba a los inmigrantes a integrarse. Fue un encuentro fortuito que cambió su vida. Mi abuela era una mujer elegante, amable y comprensiva, que entendía la lucha de los inmigrantes. Se enamoraron rápidamente, un amor que proporcionó a mi abuelo el sentido de pertenencia que tanto había deseado. Pero, a pesar de la nueva estabilidad emocional, su vida todavía estaba llena de desafíos. Se esforzaba por mantener vivas sus tradiciones catalanas y organizaba pequeñas reuniones con otros compatriotas exiliados. Era su manera de resistir al olvido cultural y mantener viva su identidad.

—¿Y su vida matrimonial?

—Con mi abuela, mi abuelo comenzó a construir una familia. El nacimiento de mi madre y de mi tío fue un periodo de gran alegría, pero también de reflexión. Mi abuelo quería que conocieran sus raíces, así que les contaba historias de cuando vivía en España, les enseñaba algunas palabras en catalán, tratando de transmitir una cultura que temía que pudiera perderse.

—¿Logras percibir el recuerdo de algún episodio de sus noches en familia? —le pregunté, invitándola a explorar los recuerdos familiares más íntimos del abuelo.

La joven pareció sumergirse en un mar de memorias lejanas.

—Las noches en familia eran momentos de gran importancia para mi abuelo y mi abuela. A pesar de los desafíos cotidianos, trataban de preservar estos momentos como un oasis de calor y unidad. Mi abuelo, en particular, trataba de mantener vivas sus raíces a través de estas noches —comentó—. Recuerdo... o mejor dicho mi abuelo parece describirme, con las imágenes que llegan a mi mente, cómo cada noche se reunían alrededor de la mesa, uniendo las diferentes tradiciones culinarias que mi abuela había aprendido. Había platos típicos italianos que se mezclaban con los franceses, y mi abuelo de vez en cuando introducía un elemento de la cocina española, como si quisiera transmitir un pedazo de su tierra a través de la comida. Estas cenas eran un verdadero ritual, una ocasión para compartir historias, reír y a veces también llorar. Después de cenar, mi abuelo a menudo contaba historias de su infancia. Hablaba de los paisajes, las festividades, las tradiciones que había dejado. Su voz se volvía nostálgica, pero también viva y colorida cuando describía las fiestas del pueblo, las danzas tradicionales, los cantos que resonaban en las calles. Mi madre y mi tío, de niños, escuchaban encantados, imaginando un mundo que parecía tan lejano como mágico.

—¿Logras visualizarlo?

—Sí. Lo estoy visualizando mientras tomaba su vieja guitarra y tocaba melodías populares. La música llenaba la habitación, llevando consigo melancolía, pero también belleza. Mi abuela, por su parte, enseñaba a mi tío algunas canciones italianas que había aprendido de pequeña. Era como si a través de la música, trataran de construir un puente entre sus diferentes culturas, creando un nuevo sentido de identidad familiar.

Me contó luego cómo durante las festividades, estas noches se volvían aún más elaboradas. Cómo en Navidad, por ejemplo, decoraban la casa con una mezcla de tradiciones italianas, francesas y catalanas. Había árboles de Navidad adornados junto a belenes artesanales, símbolos de sus diversas herencias culturales. El abuelo se aseguraba de que siempre hubiera velas encendidas, símbolo de luz y esperanza, y hablaba del significado que estas tenían en la tradición de su cultura. Pero a pesar de la alegría y la unión, había momentos en que la nostalgia por su país se hacía sentir con fuerza. Él a veces se quedaba callado, perdido en sus pensamientos. En esas noches, casi se podía tocar su remordimiento y su melancolía. Su esposa trataba de ofrecerle consuelo, pero era claro que había un dolor que no podía ser completamente aliviado. Estas noches en familia eran un entramado complejo de emociones que reflejaban la vida que los dos habían construido juntos en Francia, un delicado equilibrio entre mantener vivas las tradiciones del pasado y construir un nuevo futuro para sus hijos.

Estaba claro que esas noches no eran solo simples reuniones familiares, sino que representaban un elemento fundamental en la construcción de la identidad cultural y emocional del abuelo y, por extensión, de toda su familia. Eran noches que transmitían no solo el calor de la unión familiar sino también la complejidad de las emociones y experiencias que habían moldeado su vida. Estos recuerdos eran preciosos no solo para comprender la historia del abuelo, sino también para ayudar a Laura a entenderse mejor a sí misma y sus raíces.

—¿Crees que la experiencia de tu abuelo pueda haber marcado de alguna manera tu forma de vivir las relaciones familiares y la vida de pareja con tu novio? —pregunté, tratando de conectar las experiencias pasadas de Laura con su realidad presente.

Laura no contestó inmediatamente, pero lo hizo con una voz más clara.

—Sí, creo firmemente que sí. Las historias de mi abuelo y su lucha por mantener unidas sus raíces y su vida en Francia siempre han tenido un gran impacto en mí. Pienso que su experiencia ha influido en la manera en que veo las relaciones y la familia. Mi abuelo siempre luchó por preservar su identidad y su cultura en un entorno que no siempre era acogedor. Esta lucha creó una especie de tensión constante en su vida y en sus relaciones. Quizás por eso yo también siento la presión de crear una familia unida y estable. Siempre he temido la separación y el alejamiento, justo como le ocurrió a mi abuelo cuando tuvo que dejar Francia y volver a España.

—¿Y la relación con tu novio?

—La historia de mi abuelo ha influido en cómo vivo mi relación de pareja. Su decisión de volver a Cataluña, dejando atrás a su familia, siempre me ha hecho reflexionar sobre la importancia de las elecciones y cómo estas pueden influir no solo en la propia vida sino también en la de las personas queridas. Siempre he tenido miedo de tomar decisiones que pudieran llevar a una separación o a un dolor similar. Esto me ha hecho excesivamente cautelosa y a veces dependiente en mi relación actual. Ahora entiendo por qué muchas veces me resulta difícil contradecirlo y me obligo a hacer lo que él desea.

—¿Hay algo más? —le pregunté, notando que aún no había agotado las conclusiones.

—También la nostalgia que mi abuelo sintió por su tierra natal y su arrepentimiento... creo que han creado en mí una necesidad de raíces, de pertenencia, que a veces es exagerada. Mi obsesión por crear una familia perfecta, por no repetir los errores del pasado, podría ser en realidad un reflejo de ese deseo de mi abuelo de volver a sus orígenes, de recuperar lo que había perdido.

Escuchando a Laura, era evidente que las experiencias de su abuelo habían tenido una influencia profunda en su manera de percibir y vivir las relaciones. La historia de su abuelo se había convertido en una parte integral de su narrativa personal, moldeando sus expectativas y sus miedos en el amor y en la familia. Era como si Laura estuviera intentando, a su manera, resolver las tensiones y los asuntos emocionales no resueltos, una herencia invisible pero poderosa que seguía influyendo en su vida en el presente.

—¿Y qué podrías hacer para cambiar tu vida a la luz de lo que estás comprendiendo? —pregunté a Laura, animándola a reflexionar sobre cómo las nuevas constataciones podrían transformar su vida relacional.

Laura permaneció unos segundos en silencio.

—Me estoy dando cuenta de que gran parte de mi ansiedad y mi necesidad de seguridad en las relaciones provienen de un pasado que no es directamente el mío. La historia de mi abuelo, sus pérdidas, su lucha han moldeado la manera en que veo las relaciones y la familia. Pero ahora sé que puedo elegir un camino diferente.

—¿Cuál podría ser?

—Primero, creo que debería empezar a trabajar en mi independencia emocional. Mi necesidad de seguridad, de estabilidad, no debería depender exclusivamente de mi novio o de la idea de crear una familia perfecta. Necesito aprender a encontrar seguridad y satisfacción en mí misma, en mis pasiones, en mi carrera, en mis amistades.

—Me parece un excelente comienzo —la animé.

—Luego, quiero redefinir el concepto de familia que he construido en mi mente. La familia no tiene por qué ser necesariamente una entidad sin conflictos. Puedo aceptar que habrá dificultades y que es normal tener divergencias. En lugar de temer la separación o el cambio, quiero aprender a acoger la evolución natural de las relaciones.

—¿Incluso con tu novio?

—Sí. También en la relación con él quiero llevar este nuevo enfoque. En lugar de temer constantemente que me deje o que las cosas cambien, quiero concentrarme en construir una relación basada en la confianza, el respeto mutuo y el crecimiento compartido. Quiero que nuestro vínculo sea una elección de cada día, no una obligación dictada por el miedo.

—¿Es todo?

—No. Creo que es importante para mí redescubrir y honrar mis raíces, justo como hacía mi abuelo. Quiero explorar y celebrar mi herencia cultural, pero de una manera que sea personal y significativa para mí. Esto podría ayudarme a sentirme más conectada no solo con mi familia y mi pasado, sino también conmigo misma.

La comprensión de las experiencias del abuelo había abierto la puerta a una nueva perspectiva sobre su vida y sus relaciones. Laura estaba aprendiendo a diferenciar entre el peso del pasado y sus elecciones personales, un paso crucial para liberarse de las cadenas invisibles de las expectativas familiares y construir una vida más auténtica y satisfactoria. Su historia era un poderoso ejemplo de cómo la reelaboración y la comprensión de las memorias familiares pueden llevar a una transformación profunda y positiva en la vida de una persona.

ABUSO

Después de meses de interés y estudio intensivo de la psicogenealogía, me encontraba reflexionando sobre las profundas implicaciones de esta disciplina y sobre el papel revolucionario que la hipnosis puede jugar en su exploración. La psicogenealogía es un campo fascinante que estudia cómo las historias y los patrones de comportamiento de nuestras familias influyen en nuestra vida actual. Explora la idea de que muchos de nuestros comportamientos, sentimientos y elecciones pueden tener su origen no solo en nuestras experiencias personales, sino también en las historias no contadas, los traumas, las expectativas y los éxitos de nuestros antepasados. La psicogenealogía sugiere que nuestras familias no solo transmiten rasgos genéticos: también transmiten patrones emocionales, creencias y comportamientos. Esta transferencia puede darse a través de las historias contadas dentro de la familia, las dinámicas relacionales o incluso a través de patrones inconscientes.

Uno de los objetivos principales es identificar e interrumpir estos patrones potencialmente negativos o disfuncionales. Por ejemplo, si en una familia ha habido muchos casos de abandono, esto podría crear un patrón inconsciente de miedo al abandono en las generaciones siguientes. A través de la psicogenealogía, se pueden explorar estas historias, comprender cómo influyen en el presente y trabajar para romper el ciclo. Es importante notar que la psicogenealogía no se centra solo en los problemas o dificultades, también puede ayudarnos a reconocer y valorar las fortalezas, talentos y capacidades que hemos heredado. Con una comprensión más profunda de nuestras raíces, podemos construir una vida más consciente y satisfactoria. En resumen, la psicogenealogía ofrece una ventana única a las profundidades de nuestro ser, permitiéndonos ver cómo el pasado familiar se entrelaza con nuestro presente e influye en nuestras perspectivas futuras. Es una herramienta poderosa para la curación, el crecimiento personal y la comprensión de uno mismo. El encanto de esta disciplina reside en su capacidad para revelar los lazos ocultos y los patrones inconscientes que dan forma a nuestras vidas. He aprendido que no somos solo el producto de nuestras experiencias individuales, sino también de las historias no contadas, las esperanzas rotas y los éxitos de los antepasados. Lo que siempre hemos considerado como «nuestro», en muchos casos, podría ser el legado de una línea ancestral, ecos de vidas vividas antes de la nuestra.

La hipnosis, en este contexto, constituye una herramienta potente para desbloquear estos códigos ocultos de nuestra existencia. A través de las sesiones de hipnosis genealógica, he visto a personas realizar viajes increíbles al pasado de sus familias, descubriendo raíces de problemas actuales en eventos y dinámicas de décadas, si no siglos, atrás. Esta técnica no solo ofrece alivio de los síntomas presentes, sino que también abre un camino para una comprensión más profunda de quiénes somos en el contexto de nuestra historia familiar. La adición de la hipnosis al campo de la psicogenealogía tiene el potencial de transformar radicalmente nuestro enfoque hacia el bienestar y la autoconsciencia. Permite una conexión emocional e intuitiva con las historias familiares que el mero relato racional y el análisis comportamental a menudo no logran tocar. Este vínculo profundo y visceral con el pasado ofrece una claridad y perspectiva únicas, permitiendo a los sujetos liberarse de cadenas invisibles y emprender un camino de curación y crecimiento personal.

Reflexionando sobre todo lo que había leído, estaba cada vez más convencido de que la integración de la hipnosis en la psicogenealogía no era solo un avance técnico, sino que representaba una revolución en la forma en que nos comprendemos a nosotros mismos y comprendemos a nuestras familias. La perspectiva de poder explorar y resolver problemas profundamente arraigados a través de una conexión directa con el pasado familiar no es solo fascinante, sino también profundamente liberadora. Como si hubiéramos encontrado una llave para desbloquear los secretos ocultos en las profundidades de nuestra psique.

Me di cuenta de que la psicogenealogía, combinada con la hipnosis, no solo permite abordar problemas emocionales o conductuales, sino que también ofrece una extraordinaria oportunidad para una reconciliación interior. A través de la exploración de las historias de nuestros antepasados, podemos comenzar a comprender y resolver viejas heridas, conflictos no resueltos y romper ciclos de comportamiento negativos que se han arrastrado a través de las generaciones. En mi práctica, he observado a personas que, después de explorar sus historias familiares a través de la hipnosis, han comenzado a tomar decisiones de vida más conscientes y saludables. Han desarrollado una mayor empatía por sus antepasados y, como resultado, por sí mismos. Esta comprensión les ha ayudado a liberarse de cargas emocionales y sentimientos de culpa inexplicables, que anteriormente parecían incomprensibles e insuperables. Además, he notado que la hipnosis genealógica puede ser particularmente poderosa al abordar problemas relacionales. Conociendo las dinámicas y patrones familiares del pasado, las personas pueden identificar y modificar comportamientos que comprometen sus relaciones actuales. Esta conciencia conduce a una comunicación más abierta y honesta, a relaciones más sanas y satisfactorias.

Como profesional, me sentía honrado y agradecido de poder acompañar a las personas en este viaje de descubrimiento y transformación, ayudándolos a conectar los pedazos de su pasado para construir un futuro más brillante y sereno.

Inspirado en todo lo que había estudiado en esos meses, había dedicado muchos de mis días a desarrollar una metodología que incluyera diversas técnicas y posibilidades para ayudar también a otras personas a conectarse con las memorias de los antepasados. Algunas de estas técnicas serían llevadas a cabo en consulta en mi presencia, otras podrían ser realizadas directamente por el sujeto.

La primera técnica que desarrollé se basaba en el uso de la memoria y el relato. Animaba a los sujetos a recopilar recuerdos personales, historias transmitidas en la familia y examinar cualquier documento escrito relacionado con los antepasados. En mi consulta, los guiaba en la construcción de una narrativa enriquecida con detalles y diálogos, para crear un vínculo emocional profundo con sus historias familiares.

Además, había introducido una metodología basada en un diálogo imaginario, casi como un juego de roles mental, donde las personas podían hacer preguntas e imaginar las respuestas de sus antepasados. Este método permitía explorar directamente sus potenciales reacciones y pensamientos, creando un diálogo íntimo y personal.

Estaba particularmente fascinado por la idea de la vivencia en primera persona. A través de la investigación histórica y la inmersión en los detalles del período en que el antepasado había vivido, los sujetos en hipnosis podían casi 'entrar' en la vida de los antepasados, intentando revivir sus eventos y emociones. Esta técnica de visualización guiada y escritura de diarios imaginarios les permitía una exploración profunda.

Otra herramienta que había contemplado era el diálogo con el alma del antepasado. Este método más espiritual requería una profunda apertura mental e involucraba prácticas como la meditación, la clarividencia o la mediumnidad. Las personas en hipnosis podían experimentar momentos de fusión de conciencias, recibiendo mensajes o intuiciones profundas. Después de todo, había estado impartiendo anualmente también un curso de mediumnidad para pocos participantes durante algunos años. Mi segundo libro *Más allá del amor* (Sirio, 2020) describe precisamente este tema.

Además de estas técnicas, había explorado también el campo de la genealogía propiamente dicha y de la historia familiar. El mapeado del árbol genealógico y la investigación genealógica se convertían para el sujeto en herramientas fundamentales y divertidas para trazar conexiones y descubrir nuevos detalles sobre los antepasados.

Finalmente, había incluido entre las diversas posibilidades también opciones creativas como el arte, la música y la dramatización. Estos métodos permitían a algunas personas particularmente sensibles a este tipo de actividades expresar su conexión de maneras únicas y personales, creando obras de arte o composiciones musicales inspiradas en la vida de los antepasados, o incluso interpretándolos en actuaciones teatrales. Y si todo esto no fuera suficiente, no dudaba en aconsejar a las personas que consultaran a otros especialistas, como siempre he hecho, ya que considero fundamental el método holístico y en general no soy partidario de utilizar un solo método de tratamiento. Afortunadamente, he aprendido en todos estos años a mantener a raya mi ego.

Mi objetivo con estas diversas técnicas era proporcionar a mis clientes, además de la sesión hipnótica, una gama lo más completa posible de herramientas para explorar y conectarse con sus raíces familiares. Creía firmemente que cada individuo podía encontrar su propia manera única y personal de establecer este vínculo, y mi tarea era guiarlos en este viaje de descubrimiento y conexión.

Andrés entró en mi consulta una sofocante tarde de verano. El aire acondicionado creaba un agradable contraste con el bochorno exterior, pero no era suficiente para borrar la tensión que se leía en el rostro de Andrés, un hombre de treinta y cuatro años. Su cabello rubio y rizado estaba desordenado, casi reflejaba el estado de confusión interior que estaba experimentando. Su elección de vestimenta me llamó la atención de inmediato: pantalones cortos y camiseta de tirantes, una vestimenta inusualmente informal para un encuentro de este tipo, que revelaba quizás una despreocupación o una falta de atención típica de quien está consumido por sus propios problemas.

—Buenas tardes, Andrés —dije, intentando transmitir calma y hospitalidad. Él correspondió el saludo con una sonrisa y un abrazo.

Aunque en los últimos tiempos he aprendido a aceptar el contacto humano (algo que al inicio de mi práctica me resultaba muy difícil), después de haber realizado un proceso de psicoanálisis junguiano durante más de cuatro años, encontré el abrazo de Andrés y el contacto con su piel sudada bastante desagradable. Lo habría apreciado mejor en un día de invierno y si él hubiera llevado más ropa.

Entonces se sentó con un suspiro frente a mí. Andrés era locutor de radio, un trabajo que requería carisma y control, pero en ese momento parecía haber perdido ambos.

—Tengo serios problemas en mi relación —comenzó, mirándose fijamente las manos—. No puedo controlar mis adicciones sexuales. Necesito practicar sexo continuamente, con mujeres, hombres, a menudo incluso con desconocidos. Es más fuerte que yo.

Escuchaba atentamente, tratando de mantener una expresión neutra. Era consciente de que, detrás de esa cruda sinceridad, se escondía una desesperación auténtica.

—Entiendo —respondí con tono tranquilo—. ¿Y qué influencia tiene esto en tu vida cotidiana y tu trabajo?

—Es un desastre —admitió él, apretando los puños—. Mi novia está destrozada, y yo... Yo no encuentro una salida. Es como si esto me controlara. Estoy arriesgando perder el trabajo porque me distraigo fácilmente, pensando siempre en..., bueno, ya sabes en qué. —En su voz había una mezcla de ira e impotencia. Andrés había intentado varias técnicas para enfrentar su problema, incluida la regresión a vidas pasadas.

—He probado de todo, de verdad —continuó—. Pero nada parece funcionar. Temo perder todo lo que me importa. Siento que estoy destruyendo mi vida y la de quienes están a mi lado.

La desesperación en sus palabras era palpable. Mi rol, en ese momento, era proporcionar un espacio seguro y acogedor en el que pudiera explorar sus emociones y pensamientos más íntimos. Su viaje hacia la sanación sería largo y difícil, pero estaba decidido a guiarlo a través de este camino, paso a paso.

—Andrés —dije, intentando captar su mirada—. Es importante que sepas que no estás solo. Juntos podemos explorar nuevos caminos y estrategias para enfrentar estos problemas. ¿Estás dispuesto a emprender este camino conmigo?

Él asintió, y en ese gesto había un atisbo de esperanza, un destello de voluntad de cambiar. Prometía ser el inicio de un nuevo capítulo, quizás el más difícil, pero también el más significativo de su vida.

Levantó la mirada, sus ojos revelaban una mezcla de esperanza y temor.

—Sí, estoy dispuesto a hacer cualquier cosa para superar esto —dijo con voz temblorosa.

—Me gustaría saber más sobre tu vida cotidiana. ¿Cuál es tu rutina habitual?

—Bueno, mi día comienza muy temprano. Tengo que estar en la estación de radio a las seis de la mañana. Así que me levanto a las cinco, me doy una ducha rápida y luego voy al trabajo.

—Entiendo. ¿Y después del trabajo? ¿Cómo pasas el resto de tu día?

—Normalmente termino alrededor del mediodía. Luego, depende. A veces salgo a correr o voy al gimnasio, otras veces vuelvo a casa y trato de relajarme un poco. Pero, para ser honesto, a menudo termino buscando... distracciones.

—Y en tu tiempo libre, ¿qué te gusta hacer? ¿Cuáles son tus hobbies o intereses?

—Me gusta mucho la música, obviamente. A veces toco la guitarra o escucho nuevos álbumes. Pero últimamente nunca tengo tiempo y no logro disfrutar de estas cosas como antes. Mi mente siempre está en otra parte...

—Entiendo. ¿Y tu relación con los demás? ¿Con amigos o colegas?

—Con los colegas todo bien, intentamos mantener una relación profesional. Los amigos... bueno, he perdido contacto con muchos de ellos. Mi situación ha hecho difícil mantener amistades saludables.

—Hablemos de tu relación. ¿Cómo te va con tu novia?

Andrés pareció reflexionar por un momento antes de empezar a hablar, como si necesitara ordenar sus pensamientos o comprender realmente la naturaleza de su relación.

—Ella es fantástica, de verdad. Pero a menudo discutimos por mis mentiras. Siento que la estoy decepcionando y eso me hace sentir aún peor. Pero ella es... es muy sumisa tanto en la vida cotidiana como en nuestra intimidad. Es como si siempre tuviera miedo de expresar su opinión o hacer algo que podría disgustarme.

—¿Cómo se manifiesta esta sumisión en la vida cotidiana? —pregunté, intentando profundizar en su dinámica de pareja.

—Eh..., de muchas maneras —respondió—. Por ejemplo, si tenemos que decidir qué hacer durante el fin de semana o qué película ver, siempre se limita a decir «lo que tú quieras» o «cualquier cosa está bien para mí». Nunca se impone, nunca expresa un deseo fuerte o una preferencia personal.

—¿Y en las relaciones íntimas? ¿Cómo se refleja esta actitud?

—De manera similar —dijo con un tono de voz un poco triste—. Ella siempre es muy pasiva. Nunca toma la iniciativa, siempre espera que yo dirija todo. A veces, me pregunto si realmente le gusta o si solo lo hace para complacerme.

—Y físicamente, ¿cómo es ella?

—Es bastante delgada —continuó—. Tiene un cuerpo delicado, casi frágil. Su cabello es largo y castaño, a menudo lo ata en una cola de caballo. Tiene ojos grandes y expresivos, pero a menudo parecen velados por una especie de tristeza o incertidumbre. Su piel es clara, casi transparente, y cuando sonríe, lo hace de manera tímida, casi como si tuviera miedo de llamar demasiado la atención.

—¿Crees que su naturaleza sumisa ha influido en tu relación y en tu manera de actuar?

—Sí, lo creo —admitió—. A veces siento como si la hubiera elegido precisamente así para tener yo el control total, y esto, de alguna manera, refuerza aún más mi necesidad de dominio y poder. Me doy cuenta de que esto no es saludable ni para mí ni para ella. Su sumisión, su naturaleza delicada y frágil, de alguna manera empeoran mi comportamiento compulsivo.

—Entiendo —dije—. Ser consciente de esto es importante. Reconocer cómo la dinámica de tu relación influye en tu comportamiento es un paso crucial para comenzar a cambiar estos patrones.

Andrés asintió lentamente, parecía perdido en sus pensamientos.

—Quiero cambiar, por ella y por mí. No quiero que nuestra relación se base en dinámicas insanas. Quiero aprender a respetarla como persona, a valorarla por lo que es, no por lo que yo quiero que sea.

Este intercambio me ofreció una comprensión adicional de las dinámicas relacionales de Andrés, subrayando la importancia de su conciencia para el camino de crecimiento personal y cambio.

—Gracias por compartir esta información, Andrés. Es importante tener un panorama completo de tu vida para entender mejor cómo ayudarte.

También en nuestros primeros contactos, él había mencionado el problema por correo electrónico y me había preparado para esta sesión sabiendo que sería intensa y potencialmente desafiante.

—Bien, Andrés. Entonces comencemos con la primera fase de comprensión y aceptación —expliqué, manteniendo un tono tranquilizador—. Primero, debemos explorar y comprender a fondo los orígenes de estas tendencias y comportamientos tuyos.

Andrés asintió, listo para comenzar este camino.

—Primero que todo, quiero que te relajes completamente. Encuentra una posición cómoda en la silla y cierra los ojos. Concéntrate en tu respiración: inhala profundamente... y exhala lentamente. Concéntrate en cada respiración que entra y sale, deja que cada pensamiento se disuelva en tu mente.

Mientras Andrés seguía mis instrucciones, su cuerpo comenzó a relajarse. La tensión que antes era evidente en su rostro y sus hombros parecía disolverse lentamente.

—Ahora, quiero que te centres en tus emociones —proseguí—. No las juzgues, no trates de cambiarlas, simplemente obsérvalas. ¿Cómo te sientes en este preciso momento?

Después de un instante de silencio, Andrés respondió con voz más tranquila:

—Confundido... y un poco asustado.

—Es normal sentirse así —lo tranquilicé—. Ahora, quiero que retrocedas en tu mente, al primer momento en que empezaste a sentir estas fuertes pulsiones sexuales. No es necesario que hables, solo piénsalo. ¿Hay un evento particular, un momento específico que puedas recordar?

Andrés permaneció en silencio durante varios minutos, con los ojos aún cerrados. Podía ver la lucha interna que estaba viviendo, tratando de alcanzar los recovecos más profundos de su memoria.

—Sí —dijo finalmente—. Hay un momento. Pero es confuso, no puedo verlo claramente.

—Está bien, no te fuerces. Tómate tu tiempo —lo animé—. Los recuerdos pueden ser esquivos, especialmente aquellos que son dolorosos o difíciles. Pero es importante que los enfrentes. Este es el primer paso para comprender y luego controlar tus comportamientos.

Mientras Andrés trabajaba en sus recuerdos, reflexionaba sobre cómo proceder. Era claro que su problema estaba profundamente arraigado y que tendríamos que explorar diversas posibilidades para entender completamente las causas de estas pulsiones incontrolables. La sesión de esa tarde era quizás solo el inicio de un camino que sabía que sería largo y complejo. Pero su voluntad de enfrentar el problema y trabajar en sí mismo me daba esperanza. El camino hacia la resolución es a menudo tortuoso y oscuro, pero la determinación y el coraje pueden iluminarlo, paso a paso.

Decidí sin dudarlo usar la hipnosis genealógica y me centré en inducir a Andrés a un estado de profunda relajación y apertura mental. La temperatura de la habitación era ahora aceptable y nos encontrábamos inmersos en una luz tenue y tranquila, que creaba la atmósfera ideal para la hipnosis.

—Andrés, quiero que escuches mi voz y te dejes guiar por ella. Imagina que te deslizas lentamente hacia un pasado lejano, un pasado que no es el tuyo, pero que ha influido en tu vida —dije con tono calmado y tranquilizador—. Te encuentras en otro tiempo, en otra vida. Quizás es la de uno de tus antepasados. ¿Qué percibes?

Tras un breve silencio, Andrés comenzó a hablar con voz lenta y algo distante:

—Veo... veo a un hombre, es hosco, tiene una expresión dura. Trabaja la tierra, y es pastor... creo que es mi bisabuelo.

—Cuéntame sobre él, Andrés. ¿Cómo era su vida? —pregunté, tratando de mantener su enfoque en la imagen evocada.

—La vida era dura —respondió Andrés—. Trabajaba de la mañana a la noche, en los campos y con las ovejas. Tenía una gran granja en el interior, no lejos de donde estamos ahora.

—¿Cómo era su relación con la familia? —pregunté, buscando conocer la dinámica familiar.

Andrés tardó en responder.

—No era un hombre cariñoso. A menudo era violento, especialmente cuando bebía. Tenía tres hijos, mi abuelo y dos tíos abuelos. Siempre los trató con dureza, los obligó a trabajar en los campos desde pequeños.

—¿Puedes describirme la granja? —Quería sumergirme más en los detalles de esa vida pasada.

—Era una gran casa de piedra, con establos y un amplio terreno alrededor. Recuerdo... me llega el sonido de las ovejas y el olor del heno. Los campos eran vastos, cultivados con trigo y otros cereales. Era un lugar muy aislado, lejos de la ciudad. Incluso la granja más cercana estaba a varios kilómetros de distancia.

—¿Y la relación entre tu bisabuelo y su hijo, tu abuelo? ¿Cómo la percibes?

—Mi abuelo... siempre estaba tenso con él. Le tenía mucho miedo. Parecía que nunca podía complacerlo. Mi bisabuelo era severo, a veces cruel. Mi abuelo intentaba proteger a sus hermanos de esa dureza.

—¿Crees que puede haber un vínculo entre la vida de tu bisabuelo y tus problemas actuales? —pregunté delicadamente.

Andrés guardó un largo silencio antes de responder.

—Quizás... quizás hay una especie de patrón, una repetición de comportamientos. La violencia, la agresividad... quizás heredé estas emociones, las transformé en impulsos sexuales.

Mientras Andrés hablaba, era evidente que estaba empezando a hacer conexiones entre su vida y la de sus antepasados. Esta toma de conciencia era crucial en su camino de cambio. Deseaba profundizar aún más en su historia familiar, tratar de desvelar y entender los patrones y las heridas transmitidas de generación en generación.

—Andrés, ¿puedes decirme más sobre el comportamiento de tu bisabuelo cuando estaba borracho?

—Sí... era... era terrible. Cuando bebía, se convertía en otra persona. Se transformaba en alguien despiadado y violento. Recuerdo... o más bien, veo que golpeaba a mi abuelo y a sus hermanos por razones muy triviales.

—¿Cuáles eran esas razones, puedes darme ejemplos?

—Un día, por ejemplo, mi abuelo accidentalmente rompió una herramienta pequeña en la granja. Era solo un niño. Pero cuando el bisabuelo lo descubrió, perdió completamente el control. Lo golpeó, gritando y vociferando, mientras mi abuelo lloraba, le rogaba que se detuviera y pedía disculpas.

—¿Era una situación frecuente?

—Sí, desafortunadamente. Cualquier pequeño error o incidente podía desencadenar su ira. Los niños vivían en un estado de miedo constante. Y no era solo mi abuelo... sus hermanos también sufrían el mismo trato. Recuerdo... una vez, uno de los hermanos de mi abuelo llegó tarde a la cena. El bisabuelo lo agarró por el cuello y lo estrelló contra la pared, gritándole por su tardanza e insultándolo.

—¿Cómo reaccionaba el resto de la familia a estos episodios?

—Todos se sentían impotentes. Mi bisabuela intentaba intervenir a veces, pero a menudo terminaba siendo ella víctima de su furia y recibía muchos golpes. Recuerdo que trataba de proteger a los niños, interponiéndose entre ellos y el bisabuelo, pero no siempre lograba detenerlo.

—¿Y cómo se reflejaba esta violencia en la vida cotidiana de la familia?

—La familia vivía en un estado de tensión constante. El miedo al bisabuelo siempre estaba presente. Los niños, mi abuelo y sus hermanos, a menudo estaban callados y sumisos, tratando de evitar cualquier cosa que pudiera desencadenar la furia del padre. El hecho de ser cautelosos y sumisos provocaba a veces aún más ira por parte de mi bisabuelo, quien cuestionaba su masculinidad llamándolos mujercitas. La granja, que debería haber sido un lugar amable de trabajo y vida, se había convertido en un campo de batalla emocional.

—¿Cómo crees que estas experiencias afectaron a tu abuelo y sus hermanos en su vida adulta? —pregunté, aunque comenzaba a entender la relación directa entre el problema de Andrés y el comportamiento de sus antepasados.

—Percibo... puedo ver que mi abuelo y sus hermanos llevaron consigo mucho dolor y ese... ese miedo. Intentaron ser diferentes a su padre, pero esa sombra siempre los siguió. Me parece que también ellos lucharon con sus propios demonios, tratando de encontrar paz en un mundo que para ellos había sido tan cruel.

—¿Hay episodios particularmente importantes que recuerdes?

La voz del joven se volvió temblorosa y una expresión de profundo trastorno apareció en su rostro.

—Sí... hay un episodio... muy grave. Recuerdo... un ataque de ira del bisabuelo, uno de los peores. Se ensañó contra el hermanito de mi abuelo...

—¿Puedes contarme exactamente qué sucedió?

—Era una noche de finales de verano. El día había sido largo y agotador, todos estaban cansados. El hijo más pequeño, que solo tenía diez años, había dejado escapar accidentalmente algunas ovejas. Cuando el bisabuelo se enteró, perdió completamente el control. —Andrés estalló en sollozos.

—Continúa, Andrés. Es importante que lo cuentes.

—El bisabuelo comenzó a gritar, su voz resonaba en toda la casa. Casi puedo oírla. Agarró al niño por un brazo y comenzó a golpearlo, primero con las manos, luego con un palo que encontró cerca. Todos estaban aterrorizados, nadie se atrevía a intervenir. La violencia y la furia... eran inauditas.

—¿Y qué pasó con el chico?

—Los golpes fueron tan violentos e incesantes que... el pequeño perdió el conocimiento. Cuando finalmente el bisabuelo se detuvo, el chico yacía inmóvil en el suelo. Lo llevaron al hospital, pero tardaron demasiado y ya era demasiado tarde. Las lesiones en la espalda eran tan graves... lo dejaron parapléjico. —Continuó llorando como un niño.

—Un trauma tan grande debe de haber tenido un impacto significativo en la familia. ¿Cómo reaccionaron los demás?

—Fue un punto de inflexión. La familia estaba destrozada. La culpa, el dolor, la impotencia... todo se mezcló en un torbellino de emociones asfixiantes. Mi abuelo y su hermano estaban abrumados por el remordimiento por no haber intervenido. Y mi bisabuela... ella nunca se recuperó.

—¿Y el bisabuelo? ¿Fue castigado? ¿Cómo reaccionó a las consecuencias de sus acciones?

—Se encerró en sí mismo. Comenzó a beber aún más. Después de ese episodio se volvió más callado, más distante. Pero el daño ya estaba hecho. Esa violencia había dejado cicatrices indelebles en toda la familia.

—¿Crees que este episodio pudo haber influido en las generaciones siguientes, incluyéndote a ti? —pregunté, seguro de que en esa tragedia estaba la respuesta a las compulsiones y los males de Andrés.

—Sí, creo que sí. Es como si esa violencia, esa ira, se hubiera insinuado en nuestro ADN, transmitiéndose de generación en generación. Tal vez por eso tengo estos impulsos incontrolables... Tal vez es una forma de expresar ese dolor y esa ira que nunca se resolvieron.

—Esta es una observación muy profunda, Andrés. Afrontar y entender estos eventos pasados es fundamental para ti.

Decidí hacerle más preguntas ya que su respuesta evidenciaba una conexión demasiado genérica mientras entendía que las dinámicas en la raíz de sus compulsiones eran más complejas.

—¿Crees que estas experiencias traumáticas y los constantes maltratos hayan influido en la percepción de la figura masculina en tu abuelo y tal vez también en tu padre?

—¡Sí! Ahora entiendo... la violencia del bisabuelo no solo destruyó físicamente a su hermano menor, sino que también destruyó algo dentro de ellos. Mi abuelo y tal vez también mi padre, que fue criado y educado por él, desarrollaron una percepción dañada del rol masculino, una especie de masculinidad que siempre debía demostrarse, quizás para no aparecer débiles a los ojos del padre que a menudo los llamaba «mujercitas».

—Parece una observación interesante. ¿Y cómo crees que esto te ha marcado a ti? —Estábamos llegando al meollo del asunto.

—Me estoy dando cuenta... de que tal vez mis impulsos sexuales tan incontrolables son una manera distorsionada de afirmar mi masculinidad. Como si tuviera que demostrarme a mí mismo y demostrar a los demás que no soy débil.

—¿Crees que se trata solo de eso y que también puede haber una conexión entre estos impulsos y las sensaciones de frustración o baja autoestima que tu abuelo y tu padre podrían haber experimentado?

—Sí, es muy probable. El comportamiento del bisabuelo generó en ellos un sentimiento de inadecuación, una lucha interna constante por probar su valor. Esto creó un círculo vicioso de frustración y baja autoestima, que quizás de alguna manera se me transmitió.

—¿Y cómo crees que estos sentimientos hayan influido en tus relaciones y tu comportamiento?

—Me hace entender que tal vez no estoy buscando realmente una conexión emocional en mis relaciones, sino que más bien estoy tratando de demostrarme algo a mí mismo. Y esto explica por qué mis relaciones son tan superficiales y por qué tengo esta constante necesidad de conquistas sexuales.

—Entonces, de cierta manera, ¿es posible que tus acciones puedan verse como un intento de compensar estos sentimientos de inadecuación y baja autoestima, heredados del pasado familiar?

—Exactamente. Es como si estuviera tratando de resolver algo que se rompió hace mucho tiempo, pero de una manera completamente equivocada. En lugar de construir una verdadera autoestima y una auténtica identidad masculina, solo estoy perpetuando el mismo patrón destructivo.

—Entiendo. Esta es una toma de conciencia muy importante, Andrés. Reconocer estos patrones es el primer paso para romperlos y comenzar a construir una versión más sana de ti mismo.

—Sí, siento como si acabara de comenzar a entender la verdadera raíz de mi problema. Es doloroso, pero al mismo tiempo, es como si un peso comenzara a levantarse de mi pecho.

Lo dejé descansar con un largo momento de silencio, luego comencé lentamente el proceso para llevarlo de vuelta a un estado de conciencia normal.

—Andrés, ahora quiero que empieces a sentir tu cuerpo cada vez más ligero. Tómate todo el tiempo que necesites para volver aquí conmigo, al presente. Cuando estés listo, puedes abrir los ojos.

Era una forma más suave de sacarlo del estado de trance en comparación con simplemente contar de uno a diez. Lo consideré necesario dado que la experiencia que acababa de vivir había sido bastante intensa. Pasaron unos minutos antes de que Andrés comenzara a moverse. Abrió lentamente los ojos, parecía un poco desorientado al principio. Después de unos instantes, sin embargo, su mirada se hizo más clara y presente.

—¿Cómo te sientes?

—Un poco confundido, pero... más ligero, de alguna manera —respondió Andrés, ajustando su postura en el sillón.

—Como ya sabes, es normal sentirse así después de una experiencia de hipnosis profunda. Has hecho un trabajo importante hoy —dije, tratando de reforzar el sentido de positividad y progreso.

—Sí, parece que hemos descubierto muchas cosas... —reflexionó Andrés, con un tono de voz que revelaba una mezcla de asombro y comprensión.

—Has comenzado a conectar algunos puntos importantes de tu historia familiar con tus experiencias actuales. Este es un gran paso en tu camino hacia el autoconocimiento —lo animé.

—Parece casi irreal. Nunca habría pensado que los eventos de la vida de mi bisabuelo pudieran tener un impacto tan directo en mí —dijo Andrés, aún reflexionando sobre la intensidad de la experiencia.

—La historia familiar puede tener raíces profundas e influencias que a veces trascienden las generaciones. El trabajo que estamos haciendo aquí es comprender estas influencias y, donde sea posible, trabajar para resolverlas —expliqué.

—¿Qué debería hacer ahora? —me preguntó el joven, mirándome como buscando una guía.

—Por ahora, te aconsejaría que te tomes un tiempo para reflexionar sobre esta experiencia. Es importante procesar lo que ha surgido hoy. Y luego, si lo deseas, contáctame y continuaremos nuestro trabajo con una nueva sesión, si hay necesidad de profundizar —respondí.

Al final de cada sesión, prefiero adoptar un enfoque que respete los tiempos y las necesidades individuales de la persona. Por esta razón, nunca fijo inmediatamente una nueva cita. Dejo que sea la persona quien sienta y decida cuándo está lista para el próximo encuentro. La razón de esta elección metodológica se basa en la comprensión de los procesos del inconsciente. El inconsciente, esa parte profunda y a menudo inexplorada de nuestra mente, juega un papel crucial en el procesamiento de las experiencias vividas, especialmente en aquellas intensas como una sesión de hipnosis. Durante el estado de trance, emergen recuerdos, sentimientos y conexiones que pueden estar profundamente arraigados y ser complejos. Estas informaciones, una vez sacadas a la luz, necesitan tiempo para ser adecuadamente procesadas por el inconsciente. Es importante entender que el ritmo al que trabaja este último es propio de cada individuo. Para algunos, este proceso puede ser relativamente rápido, llevándolos a desear otra sesión en poco tiempo. Para otros, puede requerir días o incluso semanas para asimilar completamente la información emergida y para reelaborarla de manera que tenga sentido en el contexto de su vida actual. Este tiempo de procesamiento es esencial porque permite al individuo juntar las piezas del rompecabezas de su historia personal y familiar. Es un período en el que el inconsciente, a menudo sin que nos demos cuenta o durante el sueño, trabaja activamente para integrar los nuevos descubrimientos con los conocimientos y experiencias existentes. Es un proceso que puede llevar a intuiciones profundas y a cambios significativos en la autopercepción y en las relaciones interpersonales.

Por lo tanto, respetando los tiempos y las maneras en que opera el inconsciente, encuentro que es más ético y efectivo dejar a cada persona la libertad de decidir cuándo está lista para continuar su camino. Este método le permite tener control sobre su propio proceso de búsqueda de bienestar y escuchar verdaderamente las necesidades de su propia mente y espíritu. Cada sesión se convierte en un paso consciente y autodeterminado en su viaje de crecimiento personal, en lugar de una simple cita en un calendario.

—Gracias, de verdad. Esto me da esperanza —dijo Andrés, con un tono de voz que sugería una mezcla de gratitud y optimismo cauteloso.

—Estoy aquí para ayudarte. Recuerda que este es un camino, y cada paso cuenta —concluí, ofreciéndole una sonrisa alentadora.

Tras esas palabras, Andrés se levantó. Parecía más decidido y equilibrado en comparación con cuando entró, pero sobre todo más tranquilo. Después de un breve intercambio de despedidas, dejó el estudio, cerrando suavemente la puerta detrás de él. La sesión había terminado, pero la nueva vida de Andrés apenas había comenzado.

DEUDAS

Después de haber acompañado a Andrés en su viaje a través de los laberintos del tiempo y la memoria, me encontré sentado en mi estudio, con el corazón aún latiendo por las emociones vividas. Miraba las paredes llenas de libros, diplomas y diversos adornos, sintiéndome como un explorador que acababa de descubrir un nuevo continente. Mi mente se esforzaba por revivir cada detalle de las sesiones con Bárbara y los demás, tratando de comprender y asimilar lo que no habían sido solo sesiones hipnóticas, sino una verdadera revelación.

La técnica que había reconocido e intuitivamente desarrollado comenzaba a tomar una forma bien definida en mi mente. Era una práctica innovadora que unía el antiguo arte de la hipnosis con el concepto, más moderno, de la psicogenealogía.

El núcleo de esta nueva metodología parecía ser, sin duda, el diálogo con los ancestros. Durante el trance hipnótico, el sujeto no era simplemente un observador pasivo de su árbol genealógico, sino que se convertía en un participante activo, capaz de interactuar con sus propios antepasados. Este aspecto era crucial ya que permitía un contacto directo con las memorias, emociones y hasta experiencias de aquellos que habían trazado el camino antes que nosotros.

A diferencia de otros enfoques, donde las dinámicas familiares suelen ser representadas por terceras personas, en la hipnogenealogía es el propio individuo quien profundiza en este vínculo, abriendo un espacio de conexión personal y profunda con sus raíces, y permitiendo así una comprensión más íntima y reveladora de su legado familiar.

Me di cuenta de que esta interacción no era solo un medio para adquirir información o resolver enigmas históricos, sino una poderosa vía para el bienestar de las personas. A través del diálogo con un ancestro, el sujeto podía comprender mejor las dinámicas familiares, los traumas transmitidos de generación en generación, e incluso reconciliarse con aspectos de su propio pasado que podrían haber sido fuente de dolor o conflicto.

La metodología que se estaba delineando en mi mente comenzaba con una fase de relajación profunda, durante la cual guiaba a la persona a un estado de trance. En mi camino, observé una diferencia sustancial entre la inducción hipnótica utilizada en las sesiones de regresión a vidas pasadas y aquellas centradas en el análisis genealógico. Tal diferencia se reveló no solo interesante sino también fundamental en moldear mi enfoque terapéutico.

Durante las sesiones de hipnogenealogía, noté que la fase de inducción hipnótica resultaba sorprendentemente más sencilla y fluida en comparación con las regresiones. Esta facilidad derivaba, creo, de la naturaleza misma de los recuerdos e imágenes evocados: eventos plausibles y concretamente arraigados en la historia familiar real. Esta conexión con la realidad tangible parecía facilitar enormemente el proceso de relajación y la apertura del inconsciente, permitiendo a los sujetos acceder más rápidamente y con menos resistencia a esas memorias genealógicas.

Por el contrario, en las sesiones de regresión a vidas pasadas, a menudo me encontraba con un desafío mayor. La naturaleza intrínsecamente más «imaginativa» o «metafórica» de estos recuerdos —o percepciones— podía crear obstáculos significativos. Muchas personas encontraban difícil relajarse completamente y entregarse a la experiencia, quizás debido a un sentido interno de escepticismo o a la imposibilidad de anclar tales experiencias a una realidad concreta y personal. Esta diferencia no era solo una cuestión de tiempo o de esfuerzo requerido para la inducción, sino que también reflejaba la diferente naturaleza de la experiencia para el sujeto. En la hipnogenealogía, estar arraigados en una historia familiar real y verificable proporcionaba un terreno sólido sobre el cual los sujetos podían construir su experiencia hipnótica. Este aspecto se traducía en una mayor facilidad para alcanzar un estado de trance profundo y en un proceso de recuperación del bienestar psicofísico que, a menudo, era más directo y menos complicado. Además, la credibilidad y la concreción de los recuerdos genealógicos parecían ofrecer a las personas un sentido de seguridad y de pertenencia, elementos que contribuían notablemente a la eficacia del proceso. La hipnogenealogía, en este sentido, resultaba ser no solo una técnica más accesible, sino también profundamente arraigada en la realidad personal e histórica de cada individuo.

Una vez alcanzado este estado, comenzaba a dirigir su enfoque hacia el árbol genealógico, pidiéndoles que visualizaran a un ancestro específico o que se dejaran guiar por el inconsciente hacia una figura que pudiera ser significativa. Lo que hacía esta técnica tan poderosa era la capacidad del inconsciente de seleccionar al ancestro más relevante para la situación emocional o el problema que el sujeto estaba enfrentando. No era raro que las personas se encontraran cara a cara con antepasados de los que nunca habían oído hablar, o de los que solo conocían vagas historias transmitidas de generación en generación.

Durante el diálogo, alentaba a la persona a hacer preguntas, expresar emociones e incluso confrontar al ancestro. Estos encuentros y discusiones podían variar enormemente: algunos eran pacíficos y llenos de sabiduría, otros podían estar cargados de tensión o revelar verdades ocultas.

Después de cada sesión, dedicaba tiempo a reflexionar y analizar lo que había surgido. Cada historia, cada interacción tenía el potencial de revelar no solo aspectos del sujeto, sino también de ampliar mi comprensión del alma humana y sus raíces más profundas.

Estaba entusiasmado con la idea de explorar aún más esta técnica, consciente de que cada sesión de ahora en adelante sería un viaje único en las profundidades del inconsciente y las historias familiares. Con la hipnosis genealógica, había abierto una puerta a un mundo desconocido, rico en potencial para el cambio y la resolución de problemas. Estaba listo para guiar a las personas en este otro increíble viaje de descubrimiento de sí mismas a través del tiempo, y tenía a mi disposición herramientas concretas que me ayudarían a hacerlo.

Una de ellas es la *exploración de la línea temporal ancestral* (ATE, por sus siglas en inglés). Este método consiste en guiar a los sujetos, durante un estado de trance, a través de un viaje cronológico en la historia de su familia. A diferencia del trabajo sobre las constelaciones familiares, que se centra en las dinámicas familiares, la exploración de la línea temporal ancestral se enfoca más en trazar el camino histórico y emocional de una familia. Esto puede proporcionar un contexto para comprender los rasgos o patrones heredados y puede resultar particularmente esclarecedor para aquellos que se sienten desconectados de su pasado ancestral.

Gracias al estado hipnótico, el sujeto emprende un viaje profundo y personal dentro de su herencia familiar, explorando eventos clave, períodos históricos y las experiencias vividas por sus antepasados. Este camino no solo permite observar las interacciones y relaciones dentro del árbol genealógico, sino que también ofrece la posibilidad de percibir, de manera más íntima, las emociones, desafíos y alegrías experimentadas por los predecesores.

Un aspecto fundamental del ATE es su potencial para revelar cómo ciertos patrones de comportamiento, creencias o incluso enfermedades pueden haber sido transmitidos a través de las generaciones. Por ejemplo, una persona puede descubrir que su tendencia a evitar conflictos es un rasgo que ha estado presente en muchos miembros de su familia durante generaciones, o que una particular fuerza interior se ha manifestado repetidamente en momentos de dificultad familiar.

El ATE también permite ver la propia historia personal dentro de un contexto más amplio, conectando su vida con las historias de los ancestros. Esto puede llevar a una mayor comprensión de sí mismo y a un sentido de pertenencia más profundo. Para aquellos que se sienten desconectados de su pasado, esta técnica puede ser particularmente poderosa, ya que ofrece una conexión tangible con su herencia y un sentido de continuidad con el pasado. No se limita a proporcionar un mero conocimiento histórico, sino que fomenta un proceso de resolución emocional. Revivir las experiencias de los ancestros puede ayudarnos a resolver conflictos internos, a comprender mejor nuestras reacciones emocionales y a reelaborar viejos traumas familiares. En algunos casos, también puede llevar a la reconciliación con aspectos del pasado familiar previamente vistos de manera negativa.

Otras herramientas valiosas son la visualización y las imágenes guiadas, potentes en el ámbito de la hipnogenealogía así como en las regresiones a vidas pasadas. Estas técnicas ayudan a las personas a imaginar de manera sensorial y vívida las vidas y experiencias de sus ancestros, favoreciendo así una conexión emocional y psicológica más profunda. Por ejemplo, un sujeto podría ser guiado a visualizar un día típico en la vida de sus bisabuelos, sumergiéndose en las imágenes, sonidos y emociones de aquella época, para comprender mejor el contexto de su historia familiar. Esta inmersión en la experiencia de los ancestros a través de la visualización les permitirá trascender los límites del mero relato histórico, adentrándose en una experiencia sensorial y emocional que puede revelar nuevas perspectivas sobre su herencia e identidad. Por ejemplo, imaginar las dificultades, alegrías y desafíos cotidianos de los ancestros puede ayudar a percibir más claramente la resiliencia, los valores o los miedos que han moldeado a las generaciones posteriores.

Durante una sesión de hipnogenealogía, por ejemplo, podría guiar a una persona a visualizar detalles específicos, como el entorno en el que vivían sus antepasados, sus actividades cotidianas o las relaciones interpersonales. Este tipo de ejercicio ayuda a crear un puente emocional entre la persona y sus ancestros, haciendo que la historia familiar se vuelva más tangible. Por ejemplo, visualizar a un bisabuelo trabajando en los campos o a una bisabuela preparando una comida para la familia puede evocar sensaciones de fuerza, dedicación o amor que el sujeto puede reconocer en sí mismo.

Además, la visualización guiada puede utilizarse para explorar también los lugares y eventos históricos que impactaron en las vidas de las generaciones precedentes. Esto permite comprender cómo las circunstancias históricas, como las guerras, migraciones o cambios sociales, influyeron en las decisiones, comportamientos y emociones de sus ancestros. Un aspecto importante de esta práctica es la capacidad de generar empatía y comprensión por las luchas y realidades de los antepasados. Entender que cada individuo en nuestra línea genealógica tuvo sus propios desafíos, sueños y desilusiones puede llevar a un sentido de humanidad compartida.

Lucía entró en mi consulta una tarde de finales de verano, trayendo consigo un aire de cansancio que parecía pesar sobre sus hombros como un invisible manto oscuro. A sus cincuenta y cinco años, su aspecto era el de una mujer que había dedicado gran parte de su vida al trabajo y a la familia, descuidándose a sí misma. Empleada durante décadas en la misma oficina, su vestimenta era funcional pero descuidada, signo de largas horas pasadas detrás de un escritorio más que frente al espejo.

Su apariencia podía comunicarme muchos detalles aparentemente no detectables. A lo largo de los años, dedicándome a temáticas que trascienden los cinco sentidos, he desarrollado una sensibilidad aguda y una capacidad intuitiva que van mucho más allá de las habilidades convencionales. Este camino no ha sido sencillo; requiere un ejercicio continuo de apertura mental y una constante escucha de esa voz interior que a menudo es suprimida por el ruido del mundo exterior.

La intuición, como he aprendido, es una especie de «sexto sentido», un canal de percepción que capta matices y señales que escapan a la lógica racional. Empecé con la percepción de detalles sutiles, a veces casi imperceptibles, que me guían en mis sesiones. Estas señales pueden presentarse de diversas formas: un destello de imágenes mentales, una sensación física inesperada, una emoción repentina que parece no tener una fuente clara, o incluso palabras que resuenan en la mente con una urgencia inexplicable. Aprender a confiar en esta sensibilidad intuitiva ha requerido tiempo y paciencia. Inicialmente, era escéptico e inseguro sobre dar crédito a estas percepciones no racionales. Sin embargo, con la práctica y la experiencia, comencé a confiar más en estas impresiones y a integrarlas en mi trabajo. Descubrí que, a menudo, estas intuiciones me guían hacia preguntas o áreas de investigación que resultan cruciales para la persona que está frente a mí, abriendo puertas a conclusiones que de otro modo habrían permanecido ocultas. Este enfoque me ha permitido conectarme con las personas a un nivel más profundo, percibiendo a menudo aspectos de su inconsciente o de su historia familiar que no son inmediatamente evidentes. He aprendido que el mundo extrasensorial está lleno de información y guía, y que, si se escucha, puede revelar profundas verdades sobre la naturaleza humana y las dinámicas subterráneas que marcan nuestras vidas.

En última instancia, el uso de la intuición en mi trabajo se ha convertido no solo en una herramienta eficaz, sino también en una fuente de crecimiento personal y espiritual. Me ha enseñado que hay mucho más en la realidad humana de lo que nuestros sentidos convencionales pueden percibir, y que la escucha atenta de esta dimensión más sutil puede llevar a una comprensión más completa de la existencia.

El pelo de Lucía, que en otro tiempo probablemente había sido cuidado, ahora estaba recogido en un simple moño, con mechas grises entrelazándose entre los hilos de un castaño oscuro deslucido por el tiempo. Su piel, marcada por las finas líneas de la edad y el esfuerzo, contaba la historia de una vida de sacrificios, de noches en vela y de preocupaciones constantes. Sin embargo, sus ojos todavía brillaban vivaces, de un color avellana claro que destilaba una inteligencia aguda y una curiosidad insaciable.

Vestía una camisa de algodón, cuyo color una vez vivo ahora estaba desvaído, y una falda sencilla que caía justo por encima de las rodillas. Sus zapatos, cómodos pero desgastados, hablaban de innumerables pasos dados entre la casa, la oficina y los compromisos familiares. A pesar de su aspecto descuidado, había en ella una dignidad innata, una fuerza interior que se manifestaba en la determinación con la que mantenía la cabeza alta, a pesar del peso del mundo que parecía gravitar sobre ella.

Lucía era madre de dos hijos varones, de veintinueve y veintitrés años, ambos aún a su cargo. Esta responsabilidad adicional se leía claramente en la manera en que hablaba de ellos: con amor y dedicación, ciertamente, pero también con un velo de preocupación que no lograba ocultar. Su vida parecía haber sido una larga serie de luchas para cuadrar las cuentas, para asegurar a sus hijos una educación y un apoyo que quizás ella misma había echado en falta.

Sentada frente a mí, con las manos apretadas en su regazo en un gesto que delataba una mezcla de nerviosismo y expectativa, Lucía comenzó tímidamente a contar su historia. Como pronto descubriría, una narración de inestabilidad financiera, de esfuerzos agotadores y de repetidas decepciones, un ciclo que parecía no tener fin.

—Buenos días, Lucía. ¿Cómo estás? —comencé, sonriendo, intentando establecer un clima de confianza y comprensión.

—Estoy... bien, supongo. Un poco cansada, como siempre —respondió con un tono de voz que escondía una cierta resignación.

—Entiendo. ¿Quieres hablarme un poco de tu salud en general? ¿Cómo te sientes físicamente?

Lucía suspiró.

—Físicamente... nada grave, por suerte. Pero sufro de dolores de cabeza con frecuencia y a veces me siento tan exhausta que me resulta difícil incluso pensar. No tengo mucho tiempo para cuidarme, entre el trabajo y la familia.

Noté su expresión de cansancio mientras hablaba y asentí en señal de comprensión.

—Entiendo. Y sobre tu vida, Lucía, ¿puedes contarme un poco cómo ha sido tu vida desde tu juventud hasta ahora?

Lucía miró hacia la ventana por un momento antes de responder.

—De joven tenía muchos sueños, ¿sabes? Pero la vida tomó una dirección diferente. Comencé a trabajar temprano, luego llegaron los niños... No ha habido mucho espacio para otra cosa. La vida ha sido una secuencia de responsabilidades y compromisos.

—Parece que has tenido que dejar de lado tus sueños y deseos —dije delicadamente—. Y en el plano mental, ¿cómo te sientes?

—A veces me siento abrumada —admitió Lucía—, y un poco perdida, sinceramente. Siempre pensé que tenía que ser fuerte por mis hijos, pero a veces me siento como si estuviera nadando contra la corriente sin llegar a ninguna parte.

—Es importante reconocer estos sentimientos. ¿Crees que haya una conexión entre cómo te sientes ahora y la historia de tu familia? —pregunté, introduciendo la idea de la hipnogenealogía.

Lucía reflexionó por un momento, luego respondió:

—No lo sé... Quizás. Nunca hemos hablado mucho del pasado en la familia. Pero ahora que lo mencionas, quizás haya algo que podría explicar...

Estaba claro que Lucía estaba empezando a conectar los puntos, abriéndose a la posibilidad de que sus desafíos pudieran tener raíces más profundas, arraigadas en la historia de su familia. Escuchándola, me intrigaron las posibles raíces de este patrón. Intuía que la clave para su comprensión y resolución podría residir en las profundidades de su historia familiar. Este era solo el comienzo de un viaje que nos llevaría a explorar las memorias y narrativas ocultas en su pasado.

—Lucía, me gustaría proponerte una sesión de hipnosis genealógica. Antes de proceder, sin embargo, siento el deber de explicarte detalladamente en qué consiste esta técnica y qué puedes esperar. Siempre lo hago por dos razones fundamentales —le aclaré, intentando transmitir tranquilidad y claridad.

Lucía me miró con una mezcla de curiosidad y cautela.

—Está bien, soy toda oídos —respondió.

—La primera razón por la que explico en detalle el procedimiento es para eliminar cualquier miedo a lo desconocido. Muchos llegan aquí con ideas preconcebidas sobre la hipnosis, a menudo alimentadas por representaciones exageradas en los medios. La hipnosis genealógica es un proceso delicado y respetuoso, dirigido a tu crecimiento y comprensión personal. No perderás el control de ti misma; al contrario, estarás plenamente consciente durante toda la sesión —expliqué con calma.

Lucía asintió lentamente, pareciendo absorber cada palabra.

—La segunda razón —continué—, es que, preparándote para lo que sucederá, evitaremos que sientas la necesidad de salir del trance por sorpresa o confusión. Sabiendo de antemano qué esperar, podrás relajarte más fácilmente y sumergirte completamente en la experiencia, permitiendo así una exploración más profunda y significativa de tu historia familiar.

—Entonces, ¿qué debería esperar exactamente? —preguntó Lucía, ahora con un tono más abierto e interesado.

—Durante la sesión, te guiaré a un estado de relajación profunda. Una vez en trance, te ayudaré a navegar a través de tu línea genealógica. Podrás explorar recuerdos, lugares, o incluso interactuar con ancestros que podrían haber tenido un impacto en tus actuales desafíos financieros. No se trata de revivir simplemente eventos históricos, sino de entender las emociones, pensamientos y experiencias de anteriores generaciones que pueden haber influido a través del inconsciente en tus percepciones y comportamientos actuales —dije con énfasis.

—¿Y yo... seré capaz de recordar todo lo que sucede durante el trance? —preguntó Lucía, con un hilo de ansiedad en la voz.

—Sí, Lucía. Aunque estarás en un estado de profunda relajación, tu mente estará lúcida y activa. Serás capaz de recordar lo que ocurre durante la sesión, y podremos discutirlo juntos después, para integrar las comprensiones e intuiciones surgidas —la tranquilicé.

—Entiendo... Parece ser un viaje muy profundo —reflexionó Lucía.

—Exactamente. Es un viaje al fondo de tu historia personal y familiar, que puede ofrecerte nuevas claves de lectura y valiosas para tu presente —concluí, esperando haberle transmitido tanto la seriedad como el potencial transformador de esta experiencia.

—Está bien.

—Antes de comenzar, otro concepto fundamental que me gustaría que entendieras concierne a la naturaleza del trance hipnótico. A diferencia de lo que uno podría pensar, el inconsciente y la parte consciente de la mente permanecen activos durante el trance. No es un proceso en el que pierdas la consciencia o el control de ti misma. Al contrario, defino el estado hipnótico como un estado de *hiperconsciencia* —expliqué con énfasis.

Lucía pareció intrigada por esta descripción.

—¿Hiperconsciencia? ¿En qué sentido? —preguntó.

—En el estado de trance, tu mente está, en cierto modo, más despierta y atenta que nunca. Es un nivel de conciencia en el que la mente consciente e inconsciente colaboran de manera más integrada y sinérgica. Mientras que la parte consciente permanece en un nivel de relajación y desapego, el inconsciente se abre y se vuelve más accesible. Esto permite una exploración más profunda de emociones, recuerdos y conexiones que, en la vida cotidiana, permanecen subterráneas o no completamente accesibles —continué.

—Entonces, ¿no me dormiré u olvidaré lo que sucede? —preguntó de nuevo, tratando de captar el concepto.

—Exacto, Lucía. No es como dormirse. Durante el trance, serás consciente de lo que sucede a tu alrededor y de lo que estoy diciendo. Podrías sentir mi voz como una guía, mientras al mismo tiempo exploras los recuerdos o sensaciones que surgen del inconsciente. Es una especie de estado de vigilia amplificado, donde eres más receptiva y estás más abierta a las intuiciones profundas que pueden surgir.

Lucía asintió, pareciendo asimilar la idea.

—Ahora entiendo mejor. Me parece un enfoque mucho más consciente de lo que había imaginado inicialmente sobre la hipnosis.

—Exactamente. Y este estado de hiperconsciencia es lo que nos permite trabajar juntos de manera efectiva para explorar y entender mejor tus experiencias y las de tus ancestros, llevando a una mayor comprensión y, esperamos, a una transformación positiva en tu vida —concluí, feliz de ver que Lucía estaba comenzando a comprender y aceptar el potencial de este camino.

Sentada cómodamente en la silla de mi estudio, Lucía parecía lista para comenzar su viaje interior. La luz suave de la habitación había creado una atmósfera relajante y la música que había elegido sonaba tranquila de fondo.

—Lucía, quiero que empieces a concentrarte en tu respiración —dije con voz calma y tranquilizadora—. Respira profundamente, lentamente... siente el aire entrar y salir de tus pulmones. Inspira por la nariz y exhala por la boca. Cada respiración te acerca más a un estado de profundo relajamiento.

Mientras Lucía seguía mis instrucciones, pude ver señales de relajación en su rostro. A mi señal, sus ojos se cerraron con suavidad y su respiración se volvió más lenta y regular.

—Ahora, mientras sigues respirando profundamente, imagina que te encuentras en un lugar seguro y tranquilo, un lugar donde te sientes completamente a gusto —proseguía—. Puede ser un lugar real que hayas visitado, o un espacio imaginario como un hermoso jardín en un día de primavera. Hazme saber cuándo hayas encontrado este lugar.

—Ya estoy allí —respondió Lucía con un hilo de voz.

—Bien. En este lugar, siente tu mente volverse más abierta y receptiva. Ya puedes percibir que es así. En este lugar te resulta más fácil acceder a los recuerdos y a las historias de tu familia. Ahora, quisiera que imaginaras frente a ti un gran árbol genealógico, con ramas que se extienden en diferentes direcciones; cada rama representa diferentes generaciones de tu familia.

Veía los rasgos de su rostro relajarse aún más mientras se sumergía en ese estado de hiperconsciencia que es el trance.

—Lucía, comencemos a explorar este árbol. Imagina que puedes caminar a lo largo de las grandes ramas, observando los rostros y las historias de tus ancestros. Puedes sentir su presencia y escuchar sus historias. ¿Hay alguien en particular que llame tu atención? —le dejé algunos minutos para imaginar.

Tras un breve silencio, Lucía respondió:

—Veo a un hombre y una mujer... parecen nobles, ricos...

—Concéntrate en ellos. ¿Quiénes son? ¿Qué tipo de energía o sensaciones recibes de ellos? —le pregunté, guiándola suavemente.

—Creo que son mi tío abuelo y mi tía abuela. Tienen un aire de gran importancia... pero también de tristeza.

—Entiendo. Imagina ahora que puedes acercarte a ellos, que puedes hablar con ellos. Pregúntales sobre su vida, sus experiencias. ¿Qué tienen que decirte?

Lucía permaneció en silencio por largos segundos, sumergida en su visión. Luego, lentamente, comenzó a hablar.

—Ellos... ellos lo perdieron todo. Hubo un colapso del mercado, y todo lo que tenían desapareció. Tuvieron que empezar de cero...

—¿Cómo afectó esto a su vida? ¿Y cómo crees que pudo haber marcado la historia de tu familia? —la animé a explorar más a fondo.

—Lucharon mucho... y parece que siempre tuvieron miedo de perderlo todo de nuevo. Ese miedo... casi puedo sentirlo. Es como si hubiera marcado a toda la familia, pasando de generación en generación...

—¿Puedes decirme más sobre ellos?

Lucía comenzó a relatar una larga historia con voz lenta y reflexiva, casi como si estuviera leyendo las páginas de un libro antiguo.

—Era un período de gran prosperidad para nuestra familia —dijo, con los ojos aún cerrados, sumergida en la visión—. Mi tío abuelo y mi tía abuela pertenecían a una familia de nobles orígenes y poseían muchas riquezas. Vivían en una gran villa, con jardines lujosos y disfrutaban de una vida social animada. Pero todo cambió con un colapso repentino del mercado. Fue un desastre financiero de enormes proporciones. De la noche a la mañana, se encontraron sin nada, todo lo que tenían había desaparecido como humo.

Me contó sobre la vida de su tío abuelo y su tía abuela, ambientada en una época de rápido desarrollo industrial y mercados financieros en ascenso. Eran figuras rodeadas de lujo y prestigio. Su existencia estaba marcada por fiestas fastuosas e inversiones audaces, típicas de un período en el que el crecimiento económico parecía imparable.

Sin embargo, como Lucía continuó relatando, surgió un giro trágico. El tío abuelo, un hombre de gran ambición y apasionado por el mercado de valores, había invertido masivamente en diversas empresas. Creía firmemente en el crecimiento continuo de la economía, pero no anticipó el inminente colapso del mercado. Fue un desastre de enormes proporciones, causado por una burbuja especulativa que estalló repentinamente, llevando al colapso de los títulos en los que había invertido.

En muy poco tiempo, la fortuna de la familia se disipó. La situación del tío abuelo y la tía abuela de Lucía cambió rápidamente de un sueño dorado a una pesadilla angustiante. Su fortuna, una vez floreciente y envidiada, se disipó en un abrir y cerrar de ojos. La gran villa, que una vez simbolizaba su estatus y éxito, se convirtió en un recordatorio doloroso de lo que habían perdido.

Les quedó solo eso: tuvieron que deshacerse de todo lo que poseían.

Lucía me contó cómo tuvieron que vender tierras y otras propiedades que poseían en la región. Esas tierras, que una vez habían sido fuente de grandes ingresos y orgullo, fueron vendidas una tras otra, a menudo por una fracción de su valor real. Cada venta era como una herida, un pedazo de su vida y su identidad que se arrancaba.

Además, su drástico cambio de fortuna los obligó a reevaluar radicalmente sus relaciones sociales. Aunque una vez solo frecuentaban las esferas más altas de la sociedad, se encontraron teniendo que pedir ayuda a personas que antes ignoraban o incluso despreciaban debido a su menor estatus social. Esta fue quizás la parte más humillante de todo el proceso. Las personas que una vez los habían mirado con admiración y envidia ahora los miraban con lástima o, peor aún, con indiferencia. Lucía describió cómo el tío abuelo, un hombre que siempre había manejado sus relaciones sociales con un aire de superioridad, tuvo que tragarse su orgullo y pedir favores a conocidos menos acomodados. Algunos de estos se mostraron amables y serviciales, ofreciendo apoyo en un momento de necesidad. Otros, sin embargo, resultaron menos comprensivos, negándose a ayudar o incluso disfrutando de su caída.

Para la tía abuela, esta experiencia fue un duro golpe a su sentido de identidad. Una vez admirada por su elegancia y estilo, tuvo que adaptarse a una vida mucho más modesta y sin lujos. Lucía relató cómo la tía abuela tuvo que vender sus joyas y sus vestidos, símbolos de su anterior vida, para contribuir al sostenimiento de la familia en estos tiempos difíciles.

La historia del tío abuelo y la tía abuela se convirtió en una especie de leyenda trágica en la familia de Lucía, una narración que se transmitía como una advertencia sobre los peligros de la riqueza y la importancia de la humildad y la resiliencia. Para Lucía, comprender esta historia era como armar las piezas de un rompecabezas que de manera inconsciente había influido en su vida y sus decisiones financieras. La conciencia de este pasado familiar le ofrecía una nueva perspectiva y la posibilidad de romper un ciclo que se había arrastrado por generaciones. El tío abuelo, acostumbrado a mandar y ser admirado, se encontró de repente impotente ante la catástrofe financiera. La tía abuela, una vez celebrada por su elegancia y refinamiento, tuvo que enfrentar una realidad mucho más modesta. Su historia, desde entonces, se convirtió en una advertencia para las futuras generaciones: un ejemplo de cómo la riqueza podría ser efímera y engañosa, una lección sobre la vulnerabilidad y las ilusiones de un bienestar construido sobre bases inseguras.

La revelación de Lucía fue un viaje a través del tiempo, una exploración de la historia familiar que ofrecía una nueva luz sobre sus actuales dificultades financieras. Era la historia de una familia, de su ascenso y caída, y de cómo estos eventos habían tejido la urdimbre emocional y psicológica que había influido en las generaciones siguientes, incluyendo el presente de Lucía.

—Ahora quisiera que imaginaras que hablas con tu tía abuela. Pregúntale qué representan para ella el dinero y la riqueza —sugerí a Lucía, guiándola delicadamente hacia una conversación imaginaria pero profundamente significativa.

En su estado de trance, pareció dirigirse hacia una presencia invisible, su expresión reflejaba un intenso diálogo interior. Después de un momento de silencio, comenzó a hablar, dando voz a la tía abuela como si estuviera presente en la habitación con nosotros.

—La riqueza —dijo con una voz que parecía provenir de otra época—, la riqueza es una ilusión, una cadena dorada que te ata sin que te des cuenta. He vivido ambos mundos, el de la opulencia y el de la humildad. El dinero te hace esclavo de tus propios miedos y deseos.

Continuó describiendo la conversación con la tía abuela, quien le habló de la vida de lujo que una vez vivió, una existencia adornada con joyas y fiestas, pero carente de verdadera libertad.

—Cuando teníamos riqueza, creíamos ser poderosos, pero en realidad éramos vulnerables. Cada centavo que poseíamos estaba ligado al miedo de perderlo. La verdadera libertad solo vino cuando aprendimos a vivir con menos, a apreciar las simples alegrías de la vida. Aprender el valor de la vida humilde fue la lección más importante —continuó Lucía, siempre con la voz de la tía abuela—. La simplicidad te libera de los lazos materiales y te abre a una riqueza más profunda, la del espíritu y las relaciones auténticas.

Podía observar en las expresiones que tomaba su rostro una mezcla de toma de conciencia y reflexión. La conversación con la tía abuela le estaba revelando un aspecto fundamental de su relación con el dinero y la riqueza. Lucía comprendió que su excesiva humildad y su vida de restricciones eran el fruto inconsciente de esa lección aprendida de la historia de su familia. La experiencia traumática de sus antepasados había instilado en ella y en las generaciones siguientes un profundo miedo a la riqueza y una tendencia a evitar el éxito financiero, como si estos necesariamente debieran representar sufrimiento.

Esta toma de conciencia fue un momento de inflexión para Lucía. Entendió que, aunque había interiorizado la sabiduría de la vida humilde y simple de la tía abuela, también había asimilado inconscientemente el miedo y el rechazo al éxito financiero. Esta revelación le ofrecería probablemente la posibilidad de reequilibrar su visión del dinero, no más como una fuente de miedo y vulnerabilidad, sino como una herramienta para alcanzar sus objetivos y vivir una vida plena y satisfactoria. Podría comprender que podía honrar la sabiduría de sus antepasados sin permanecer atrapada en sus miedos y limitaciones.

Con esta nueva comprensión, Lucía comenzó a trazar paralelismos entre su vida y la de sus antepasados, notando cómo los patrones del pasado habían influido profundamente en sus elecciones y comportamientos. Por ejemplo, me contó cómo, en su trabajo como empleada, siempre había evitado pedir promociones o aumentos de sueldo.

—Nunca sentí que los mereciera —me dijo—. Incluso cuando sabía que había trabajado duro, había algo dentro de mí que me decía que era mejor quedarme donde estaba, evitando arriesgarme o parecer demasiado ambiciosa.

Esta actitud reflejaba claramente el comportamiento de su tío abuelo después del colapso financiero. Lucía contó cómo él, que una vez fue un hombre de negocios audaz y seguro de sí mismo, se redujo a evitar cualquier forma de riesgo financiero después de su ruinoso fracaso. Había desarrollado tal miedo al fracaso que prefería permanecer en la sombra, evitando cualquier oportunidad que pudiera implicar incluso el mínimo riesgo.

Otro ejemplo era su renuencia a invertir sus ahorros. Lucía siempre había mantenido sus ahorros en cuentas de bajo rendimiento, demasiado asustada por la idea de invertir en acciones o bienes raíces. Esto, dijo, era porque sentía que no tenía derecho a aspirar a más de lo que ya tenía, un sentimiento de «ser ya suficientemente afortunada tal como estaba».

Esta visión era sorprendentemente similar a la de la tía abuela después de la crisis financiera. Lucía describió cómo la tía abuela había desarrollado una fuerte desconfianza hacia cualquier forma de inversión o gasto que no fuera estrictamente necesario. Incluso cuando las condiciones económicas de la familia comenzaron a mejorar levemente, la tía abuela insistía en mantener un estilo de vida extremadamente frugal, temiendo que cualquier gasto excesivo pudiera llevar a una nueva ruina.

Finalmente reconoció que su falta de confianza en sus propias capacidades era un reflejo del cambio de actitud del tío abuelo y la tía abuela después de su pérdida. Pasaron de ser figuras destacadas y seguras en su comunidad a personas que constantemente dudaban de sus propias decisiones y capacidades, un modelo que Lucía había inconscientemente reproducido en su vida.

Estos paralelismos entre el pasado y el presente resultaron iluminadores para la mujer. Comprender que muchos de sus comportamientos y creencias eran el resultado de patrones familiares transmitidos le ofrecía no solo una mayor autoconciencia, sino también la clave para romper estos ciclos y comenzar a construir un futuro financiero y personal más positivo y seguro.

—Lucía, ahora después de esta revelación, ¿cómo te sientes respecto a tus propias dificultades financieras?

—Es como si una parte de mi carga se hubiera aligerado... No soy solo yo. Es un patrón que viene de lejos. Quizás ahora pueda empezar a cambiarlo...

—Exactamente, Lucía. Este es el primer paso para transformar tu historia financiera y liberarte de estos patrones pasados. Recuerda, la historia de tu familia no determina tu destino. Tienes el poder de escribir un nuevo capítulo.

Considerando que Lucía había dado un paso significativo en su viaje de descubrimiento personal, decidí que era hora de traerla de vuelta a un estado de conciencia normal.

—Lucía, ahora comenzaré a contar lentamente de uno a diez. Con cada número, sentirás cómo aumenta tu conciencia del mundo exterior. Cuando llegue a diez, abrirás los ojos, sintiéndote revitalizada, feliz y en paz —dije con voz calmada y tranquilizadora. Comencé a contar lentamente—: Uno... dos... tres... siente cómo tu conciencia aumenta... cuatro... cinco... seis... cada respiración te acerca más a la plena conciencia... siete... ocho... nueve... y... diez.

Cuando pronuncié «diez», Lucía abrió los ojos. Había un nuevo sentido de claridad y determinación en su mirada. Se tomó un momento para orientarse, luego se volvió hacia mí.

—Gracias —dijo simplemente, pero con una profundidad que abarcaba más que una simple gratitud.

—Lucía, lo que has explorado hoy es solo el comienzo —respondí—. Has comenzado a desvelar los patrones del pasado que han influido en tu vida. Ahora tienes la oportunidad de escribir una nueva historia, una en la que eres la autora de tus elecciones financieras y personales.

Ella asintió. Parecía estar asimilando las implicaciones de esta nueva conciencia.

—Es extraño —reflexionó—. Siempre pensé que mi forma de vivir era solo el resultado de mis elecciones, pero ahora veo que había algo más profundo... una herencia que nunca había considerado.

—Y ahora que lo sabes, puedes elegir cómo reaccionar a esa herencia —añadí—. No estás destinada a repetir los patrones del pasado. Puedes aprender de ellos y construir algo nuevo para ti y para tu familia.

Lucía sonrió, una sonrisa que parecía esconder un renacimiento interior.

—Sí, puedo. Y lo haré.

Con esa promesa, cerramos la sesión. Lucía salió de mi consulta no como la mujer que había cruzado el umbral unas horas antes, sino como alguien que había emprendido un viaje significativo hacia el autoconocimiento y el cambio.

Mientras observaba a Lucía alejarse, reflexioné sobre el poder de la hipnosis genealógica. No era solo una técnica para mejorar el bienestar de las personas; era un puente que conectaba el pasado con el presente, ofreciendo nuevas perspectivas y posibilidades. Cada persona que dejaba mi consulta era un recordatorio del potencial de transformación que reside en cada uno de nosotros, esperando solo ser descubierto y abrazado.

Unos dos meses después de nuestra sesión, recibí un correo electrónico de Lucía que contenía noticias extremadamente positivas. En el texto me describía con entusiasmo y gratitud los cambios significativos que habían ocurrido en su vida, especialmente en referencia a su situación financiera y la relación con sus dos hijos.

Me contaba cómo había comenzado a percibir su vida financiera bajo una luz completamente nueva. Había logrado encontrar el coraje de pedir un ascenso en el trabajo, algo que durante años no se había atrevido a hacer, y para su gran sorpresa, le fue concedido. No solo eso, sino que sus superiores habían reconocido su compromiso y dedicación, brindándole una confianza en sí misma que nunca antes había experimentado.

Me habló de sus hijos y cómo ellos también habían experimentado cambios positivos. El mayor había comenzado a tomar iniciativas para su carrera profesional, inspirado probablemente por la nueva energía de su madre. Había encontrado un trabajo que le apasionaba y estaba planeando independizarse. El hijo menor, anteriormente indeciso sobre su futuro, había decidido inscribirse en un curso de formación profesional. Ver a ambos hijos tan motivados era para Lucía una fuente de gran alegría.

Al concluir el correo electrónico, Lucía reflexionaba sobre el profundo impacto de nuestro trabajo juntos. Estaba convencida de que había desencadenado no solo un cambio en ella, sino que también había influido positivamente en toda su familia. Estaba aprendiendo a manejar el dinero de manera más consciente, liberándose del miedo que en el pasado la había paralizado. Incluso había comenzado a planificar pequeñas inversiones, una perspectiva que nunca antes habría considerado. Agradecía la ayuda recibida para liberarse de los viejos patrones y por haberle mostrado que un futuro diferente no solo era posible, sino que también estaba al alcance de su mano.

Apagando el ordenador, me sentí lleno de un sentido de realización profesional y personal. Las palabras de Lucía eran un testimonio poderoso de la efectividad de ese trabajo de autodescubrimiento y transformación. Su historia era un recordatorio de por qué había elegido emprender esta misión: ayudar a las personas a desbloquear su potencial y vivir una vida más plena y satisfactoria. Era una confirmación adicional de que, a través de la comprensión y el cambio de los patrones del pasado, podemos abrir el camino a un futuro más brillante y prometedor.

DESERTOR

Después de presenciar el cambio significativo en la vida de Lucía, como en la de tantas otras personas, me encontré una vez más reflexionando sobre la efectividad de la hipnosis genealógica. Esta técnica, que había comenzado a explorar y desarrollar con la habitual mezcla de curiosidad y escepticismo que me caracteriza, estaba demostrando ser sorprendentemente efectiva. Cada sesión era un testimonio de la inmensa capacidad de este enfoque para desbloquear problemas ocultos y generar cambios tangibles y duraderos en la vida de las personas.

Mi experiencia con la hipnosis regresiva a vidas pasadas me había proporcionado una sólida base sobre la cual construir esta nueva metodología. Sin embargo, cuantas más sesiones dirigía, más me daba cuenta de las diferencias sustanciales entre las dos técnicas.

Un aspecto que me fascinaba era la especificidad con la que esta nueva metodología lograba identificar y resolver patrones y problemas familiares. A diferencia de la hipnosis regresiva, que a menudo trabaja en temas más amplios y universales, permite explorar dinámicas específicas dentro de una línea familiar determinada. Esto permite un enfoque más dirigido y a veces incluso más rápido en generar cambios positivos.

Sin embargo, con cada nueva sesión, surgían nuevas preguntas. Me preguntaba hasta qué punto las historias y traumas de nuestros antepasados realmente influyen en nuestra vida. ¿Cuánto de lo que descubrimos está realmente arraigado en la historia familiar y cuánto, por otro lado, es fruto de nuestra interpretación o reacción a tales historias? ¿Cómo podemos distinguir entre lo que es verdaderamente un legado familiar y lo que es simplemente una coincidencia o una proyección personal?

Además, reflexionaba sobre el poder del inconsciente y su capacidad para conservar y, a veces, ocultar estas memorias familiares. Aún había mucho por descubrir sobre cómo el inconsciente trabaja e interactúa con nuestra conciencia, y cómo podemos utilizar esta interacción para facilitar el crecimiento personal.

Me preguntaba especialmente sobre el equilibrio entre la aceptación de nuestro legado familiar y el deseo de cambiarlo. ¿Cómo podemos honrar nuestro pasado, con todas sus imperfecciones y desafíos, sin quedar atrapados en patrones disfuncionales? ¿Cómo podemos utilizar las lecciones aprendidas con la hipnosis genealógica para construir un futuro en el que no solo seamos conscientes de nuestro pasado, sino también capaces de trascenderlo?

Estas reflexiones no solo estimulaban mi curiosidad intelectual, sino que también reforzaban mi compromiso con esta práctica. Cada pregunta abría el camino a nuevas posibilidades de exploración y aprendizaje, tanto para mí como para las personas que podía ayudar en su camino de autodescubrimiento.

Cuanto más profundizaba, más me daba cuenta de cómo, en realidad, podían integrarse y enriquecerse mutuamente.

Empecé a plantearme cómo podrían utilizarse de manera complementaria. Por ejemplo, una persona que a través de la hipnosis regresiva a vidas pasadas había identificado temas de abandono o traición podría profundizar en estas temáticas con la hipnosis genealógica, explorando cómo tales patrones estaban presentes en su línea familiar. Del mismo modo, alguien que, a través de la genealógica, había identificado un fuerte patrón de dificultades financieras en su familia, podría utilizar la regresiva a vidas pasadas para explorar de manera más profunda y simbólica sus miedos y creencias sobre el dinero y el éxito.

Ambas técnicas, con sus puntos fuertes específicos, unidas ofrecían potentes herramientas de transformación y bienestar. Mi desafío, y al mismo tiempo mi oportunidad, era saber integrarlas de manera que ofreciera a las personas el camino más efectivo y adecuado para su crecimiento y bienestar individual. Empezaba a comprender un aspecto fundamental y profundamente iluminador: el aprendizaje y crecimiento pueden ocurrir no solo a través de la exploración del camino de nuestra alma individual, sino también a través de las almas de nuestros ancestros.

Esto no implica necesariamente que estemos explorando el camino de sus almas en sentido literal, sino más bien que estamos accediendo a un depósito colectivo de experiencias, emociones y sabiduría que se ha acumulado a lo largo de las generaciones.

Esto es una confirmación adicional que muestra cómo esta técnica se alinea de manera sorprendente con las teorías del inconsciente colectivo de Carl Jung, que, como bien sabemos, es un nivel del inconsciente que va más allá de nuestra experiencia personal e individual, conteniendo memorias y arquetipos que son compartidos por toda la humanidad. En este sentido, cuando exploramos las historias de los ancestros a través de la hipnosis genealógica, podríamos no solo acceder a las memorias específicas de nuestra línea familiar, sino también tocar esta capa más profunda del inconsciente colectivo.

El concepto del alma colectiva, o de la «unidad de todas las almas», se integra perfectamente con estas reflexiones. Según esta visión, que comparto al cien por cien, a pesar de nuestra individualidad y unicidad, todos somos parte del Uno, una conciencia universal, un todo interconectado. Esta idea ha sido sostenida no solo por filósofos y místicos a lo largo de los siglos, sino también por muchas personas que han vivido experiencias cercanas a la muerte (ECM) como he tenido el privilegio de contar en mi libro *¿Qué se siente al morir?* o regresiones a vidas pasadas. A menudo informan de haber vivido un sentido de unidad y conexión con un todo más grande, una sensación de ser parte de una única conciencia universal. En cualquier caso, es fundamental subrayar que, incluso dentro de esta visión de unidad universal, mantenemos nuestro Yo individual. Esta dualidad entre individualidad y universalidad es una de las grandes maravillas de la conciencia humana. En nuestra práctica, esto significa que, aunque podemos acceder a memorias, emociones y experiencias que son mucho más amplias que nuestra experiencia personal, continuamos haciéndolo a través de nuestro filtro individual, a través de nuestro único punto de vista.

La hipnosis genealógica, en este contexto, se convierte en una poderosa herramienta para explorar esta intersección entre lo personal y lo universal. A través de ella, podemos entender cómo nuestras historias familiares se entrelazan con arquetipos y memorias colectivas, ofreciéndonos una perspectiva más amplia sobre nuestras vidas. Al mismo tiempo, esta exploración no disuelve nuestra individualidad; al contrario, puede reforzarla, permitiéndonos comprender mejor cómo nuestra historia personal se inserta en el tejido más amplio de la historia humana. Esta conciencia de la interconexión entre lo personal y lo universal, entre nuestro Yo individual y el alma colectiva, abre nuevas posibilidades. Podemos comenzar a ver nuestros problemas personales no solo como desafíos individuales, sino como expresiones de temas más amplios que afectan a la humanidad en su conjunto. Al mismo tiempo, podemos reconocer que nuestras elecciones individuales y nuestro camino hacia el incremento del bienestar tienen un impacto que quizás pueda incluso ir más allá de nuestra vida personal y contribuir en pequeña parte a la evolución del tejido humano entero.

De esta manera, la hipnosis genealógica se convierte en un puente entre nuestro viaje personal y nuestra participación en un viaje colectivo, ofreciéndonos una visión más rica y profunda de nuestra existencia y de nuestro potencial de transformación y crecimiento. Esta perspectiva amplía enormemente el campo de la autoexploración. A través de la conexión con las historias de los ancestros, podemos encontrar pistas para nuestro crecimiento personal, sintiéndonos menos aislados en nuestros caminos de vida. Esto puede llevar a una mayor compasión por nosotros mismos y por los miembros de nuestra familia, así como a una mayor resiliencia al enfrentar dificultades.

La hipnosis genealógica puede ayudarnos a reconocer y apreciar las cualidades positivas y las fuerzas que hemos heredado de nuestros ancestros. A menudo, nos enfocamos en los problemas y desafíos heredados, pero es igualmente importante reconocer las capacidades, talentos y cualidades positivas que nos han sido transmitidas. Este reconocimiento puede ser una fuente de fuerza e inspiración, y ayudarnos a construir sobre esas bases para alcanzar nuestro pleno potencial. Esta técnica nos ofrece una perspectiva única y amplía nuestra comprensión de quiénes somos, de dónde venimos y cuáles pueden ser nuestros caminos futuros.

Era una fresca mañana primaveral y me encontraba en un centro de crecimiento personal en Roma, una parada en mi viaje anual dedicado a cursos de hipnosis regresiva durante el cual aprovechaba para realizar algunas sesiones. El día había comenzado temprano, y la primera cita era con Alberta, una mujer que había expresado gran interés en mi actividad. Cuando entró en mi sala, trajo consigo un aire de tranquila determinación. Era una mujer de cincuenta y siete años, con un ligero sobrepeso y un porte orgulloso que hablaba de una vida vivida con conciencia y resiliencia. Su corte de pelo era simple pero elegante, el cabello castaño enmarcaba un rostro redondo y expresivo en el que se reflejaban las huellas de alegrías y dificultades pasadas.

—Buenos días —dijo ella, extendiendo la mano en un cálido gesto de saludo.

—Buenos días, Alberta, es un placer. Bienvenida —respondí, estrechándole la mano también con calidez. La invité a sentarse en el sillón frente a mi escritorio.

Vestía pantalones y una blusa cómoda pero elegante, que reflejaba un equilibrio entre practicidad y un cuidado personal atento. Sus ojos, de un marrón profundo, brillaban con inteligencia y curiosidad.

—Gracias, estoy un poco emocionada, pero también muy curiosa de probar esta nueva técnica tuya —comenzó Alberta, mientras tomaba asiento.

—Entiendo perfectamente la emoción. Como sabes, la hipnosis puede ser un viaje muy iluminador —respondí, tratando de hacerla sentir cómoda—. En tu correo ya me hablaste brevemente de tu situación, pero me gustaría escuchar directamente de ti qué te trae aquí hoy.

He aprendido con la experiencia que es recomendable el uso del tuteo para crear un ambiente más relajado y acogedor. Esta elección tiene como objetivo reducir las distancias, creando un vínculo de familiaridad y confianza que favorece un diálogo abierto y sincero. Estoy convencido de que, en un nivel más profundo, todas nuestras almas están interconectadas, siendo parte de una única entidad espiritual colectiva. Al usar un lenguaje más personal y directo, trato de animar a las personas a sentirse menos aisladas y más en sintonía con la vasta red de experiencias y conocimientos que une a cada individuo con el alma universal. Esto me alegra porque de esta manera mi trabajo asume una dimensión más profunda, permitiendo no solo explorar la historia personal de cada uno, sino también reconocer y comprender cómo todos estamos vinculados en un tejido espiritual que va más allá de nuestra existencia individual.

Alberta tomó un profundo respiro y comenzó a hablar.

—Estoy aquí porque siento que hay nudos sin resolver en mi vida. Mi día a día es satisfactorio, estoy casada y tengo una hija maravillosa, pero a veces siento que hay corrientes subterráneas que influyen en cómo vivo y veo el mundo. Me hablaste de la hipnosis genealógica y pensé que podría ser la clave para entender mejor estos aspectos ocultos de mi vida y ver si pueden formar parte de mi historia familiar.

—Bien, Alberta. Podemos explorar juntos estas corrientes subterráneas y ver cómo podrían estar influyendo en tu vida —dije, preparándome mentalmente para el camino que emprenderíamos.

En ese momento, entendí que esa sesión no sería solo otra cita en mi calendario; sería una oportunidad para ambos de explorar las profundidades y complejidades del tejido humano que se entrelaza entre pasado, presente y futuro. Sentada cómodamente en el sillón frente a mí, ella parecía lista, con una mezcla de expectativa y nerviosismo.

—Alberta, quiero que empieces a concentrarte en tu respiración. Respira profundamente, con calma y regularidad. Cada respiración te ayudará a relajarte cada vez más —comencé, utilizando un tono de voz tranquilizador.

Mientras seguía mis instrucciones, pude observar signos de relajación en su rostro. Sus párpados comenzaron a cerrarse lentamente, y su respiración se volvió más profunda y regular. Poco a poco, alcanzó un estado de trance profundo, y la guie hacia una exploración más personal y simbólica de su historia familiar.

—Imagina que estás en un jardín sereno, un lugar que sientes profundamente conectado a tu historia personal. En este jardín, hay un camino que conduce a un mosaico de piedras. Cada piedra representa a un miembro de tu familia, sus experiencias, sus historias. Comienza a caminar por este camino y observa las piedras. Cuando encuentres una que te atraiga particularmente, detente y obsérvala.

Después de un breve silencio, Alberta describió una piedra que capturaba su atención:

—Es más grande que las otras, y tiene algo de familiar... Sí, es el tío Alberto, el hermano mayor de mi padre. Llevamos el mismo nombre. —Su voz exudaba una mezcla de sorpresa y curiosidad mientras exploraba esta conexión.

—Siempre tuve sentimientos encontrados respecto a mi nombre. Siempre me pareció tan inusual para una mujer tener el nombre de un tío.

—Mientras estás ahí con la piedra de tu tío Alberto, intenta sentir su historia, sus pensamientos. Deja que te hable a través de la piedra —sugerí, alentando una comunicación más profunda y simbólica con la figura del tío.

La mujer permaneció en silencio, casi como si estuviera escuchando una voz lejana. Luego, con un tono cargado de nueva comprensión, comenzó a narrar la historia de aquel hombre.

—El tío Alberto se unió al ejército voluntario en 1941, para la Campaña de Rusia. Solo tenía diecisiete años. Después de la muerte de mi abuelo, sintió la responsabilidad de cuidar de la familia. Pero una vez en Rusia, entendió que esa guerra era demasiado grande para él. Era un infierno que no podía soportar. Nunca regresó y a nuestra familia le dijeron que había desaparecido, que no había ni rastro de él.

—Quisiera que lo imaginaras partiendo hacia la guerra. ¿Cómo lo percibes? —le pregunté, alentándola a sumergirse más profundamente en la vida de su tío.

Después de un breve momento de silencio, comenzó a describir lo que veía en su mente.

—Veo al tío Alberto, es realmente muy joven, un muchacho. Lleva un abrigo largo, parece pesado, con un cinturón apretado alrededor de la cintura. Parece que tiene frío, aunque el abrigo es grueso.

—¿Dónde está?

—En un camión. —Su voz era calmada pero cargada de emoción—. No está solo. Hay otros chicos con él, todos muy jóvenes. Visten el mismo uniforme. Algunos tienen el cabello rubio, otros más oscuro, como si vinieran de diferentes regiones.

—¿Cómo se siente?

—El tío Alberto parece perdido en sus pensamientos. No habla con los demás, pero observa el paisaje que pasa, con una mirada que parece buscar algo, quizás una señal, una esperanza. Hay tristeza en sus ojos, una especie de presentimiento de lo que le espera.

—Y tú, ¿cómo te sientes?

—Puedo percibir su tensión, su temor. Aunque está rodeado de otros chicos, se siente solo. Hay una sensación de aislamiento, como si, a pesar de la presencia física de los demás, él estuviera inmerso en un viaje interior, un viaje de preguntas y dudas que lo atormentan.

—¿Qué sucede después?

—El camión continúa por un camino de tierra, sacudiéndose con cada bache y piedra. Es como si cada sacudida despertara en él la conciencia de la realidad de la guerra, de la lejanía de su hogar, de su familia.

Alberta hizo una pausa y respiró profundamente antes de continuar.

—Existe una especie de solidaridad silenciosa entre los chicos. Aunque no hablan, hay un entendimiento compartido, un sentido de hermandad forjado por la conciencia de la situación común en la que se encuentran. Pero al mismo tiempo, hay una palpable sensación de miedo e incertidumbre que flota entre ellos. Mirando al tío Alberto en este momento, comprendo el peso de su corazón. Se alistó por responsabilidad, pero ahora, frente a la realidad de la guerra, se da cuenta de cuán grande es el desafío que tiene que enfrentar. Es un momento crucial, un cruce de caminos en su joven vida.

La escuchaba describir y era claro que la historia del tío había dejado una huella profunda en su alma. Esta imagen del joven partiendo hacia la guerra era un potente símbolo de las difíciles decisiones y sacrificios que las generaciones anteriores habían enfrentado, marcando de manera invisible pero significativa el curso de las vidas futuras.

—¿Puedes identificar paralelismos entre su vida y la tuya? —le pregunté a Alberta, empujándola a explorar más profundamente la conexión entre su experiencia y la del tío. Pasaron varios segundos durante los cuales parecía que la mujer reflexionaba antes de responder.

—Sí, de hecho, puedo ver algunas similitudes significativas —comenzó con cautela—. El tío Alberto se embarcó en una empresa que le superaba, sin estar plenamente consciente de sus límites. Esto, en cierto modo, refleja algunas situaciones de mi vida.

—¿Puedes contarme alguna? —inquirí.

—Hubo momentos —prosiguió Alberta— en los que me encontré enfrentando circunstancias abrumadoras, asumiendo responsabilidades demasiado grandes para mí. Como él, a veces actué pensando que hacía lo que debía, sin escuchar mis verdaderas necesidades o reconocer mis limitaciones. Esto me llevó a sentirme agobiada, exhausta, como si llevara una carga demasiado pesada para mis hombros.

—¿Puedes darme más detalles? —solicité.

—Recuerdo, por ejemplo, cuando acepté liderar un proyecto importante en el trabajo, a pesar de saber que requeriría mucho más tiempo y energía de los que podía ofrecer realmente. Me sentí obligada a hacerlo, para demostrar mi valor y no defraudar las expectativas de los demás. Pero al final, terminé exhausta, decepcionada y completamente insatisfecha. Y en mi vida personal —continuó—, a menudo asumí los problemas de otros, porque me sentía responsable de su felicidad y bienestar, hasta el punto de descuidarme a mí misma. La historia del tío Alberto me hace reflexionar sobre la importancia de reconocer y aceptar nuestros límites, para no perder de vista quiénes somos y qué podemos manejar realmente. Este paralelismo entre mi vida y la del tío Alberto me hace ver que, a veces, es necesario tomar decisiones valientes para proteger nuestro bienestar. Quizás, como él, debería aprender a alejarme de situaciones que no puedo controlar o que superan mis capacidades, en lugar de tratar de enfrentarlas a toda costa.

Su rostro mostró una expresión de clara constatación. La historia del tío había proporcionado un espejo a través del cual podía ver más claramente sus propios patrones de comportamiento y desafíos personales. Esta comprensión parecía darle una nueva perspectiva y la determinación de tomar decisiones más conscientes sobre su vida y sus limitaciones. Era, una vez más, un momento de significativo crecimiento personal, en el que las experiencias pasadas y presentes se entrelazaban, ofreciendo valiosas lecciones para el futuro.

—Háblame de su llegada a Rusia.

—Veo un territorio infinito, cubierto por una espesa capa de nieve. Todo es tan blanco, tan vasto y desolado. El frío es punzante, casi cortante. El tío Alberto y los demás soldados caminan por esta vastedad nevada, parecen pequeñas figuras en un paisaje inmenso y hostil. Todo a su alrededor es silencioso, excepto por el crujir de los pasos y la respiración agitada de los chicos. El tío tiene una expresión de miedo, sus ojos grandes escudriñan el horizonte blanco. Cada respiración suya forma pequeñas nubes de vapor en el aire helado. Parece que está luchando no solo contra el frío, sino también contra el temor y la incertidumbre que le atormentan.

—Ahora imagina que estás dialogando con él. ¿Qué te dice?

—Me dice que, con cada paso que da en esa nieve profunda, siente que ha cometido un trágico error. Solo tiene diecisiete años, no estaba preparado para esto, para un frío tan intenso, para una soledad tan opresiva. El miedo lo envuelve como el viento helado que sopla sin cesar.

—¿Qué hace?

—El tío Alberto observa los rostros de sus compañeros: algunos son jóvenes como él, otros un poco mayores. Todos comparten la misma expresión de consternación e incredulidad. Es como si estuvieran caminando hacia lo desconocido, sin ninguna certeza de lo que les espera. De vez en cuando, alguien tropieza o cae, y los demás lo ayudan a levantarse en silencio, sin palabras, como si las palabras se hubieran vuelto superfluas en ese paisaje alienígena.

Mientras describía este escenario, su voz empezó a temblar ligeramente y algunas lágrimas comenzaron a caer por sus mejillas.

—El tío me dice que en ese momento sentía que cada paso podría ser el último. El peso del fusil en su hombro le parecía insoportable, no solo físicamente, sino también moralmente. Empezaba a preguntarse si lo que estaba haciendo tenía sentido, si la guerra y la responsabilidad hacia la familia valían el precio que estaba pagando.

Era claro que el tío Alberto había vivido momentos de profunda angustia y desesperación. Su experiencia, tan vívidamente revivida por Alberta, era un poderoso recordatorio de los sacrificios y sufrimientos experimentados por aquellos que se habían visto involucrados en eventos que les superaban.

—¿Qué le sucede a tu tío? ¿Por qué no se supo más de él? ¿Puedes conectarte con él y encontrar respuestas? —la presioné, animándola a explorar aún más el destino de su tío.

Aún sumergida en el trance, respondió lentamente, como si estuviera accediendo a una fuente de recuerdos lejanos.

—Después de meses en Rusia, el tío Alberto toma una decisión drástica. Se da cuenta de que ya no puede soportar la guerra, el frío, el miedo… decide desertar.

—¿Desertar? —repetí—, buscando entender mejor su decisión.

—Sí, un día, simplemente, decide escapar. Espera la noche, cuando todos duermen, y luego se aleja con sigilo del campo. Camina durante días, completamente solo, tratando de poner tanta distancia como sea posible entre él y el ejército. Está desorientado, asustado, pero decidido a sobrevivir.

—¿Y luego qué sucede? —pregunté, absorto en la narración.

—Se esconde durante el día y camina por la noche. Después de semanas de fuga, cruzando paisajes helados, finalmente llega a un lugar más seguro. Lejos de todo y de todos los que conocía.

—¿Logra encontrar a alguien? ¿Comienza una nueva vida? —pregunté, curioso por saber cómo se adaptó a esta nueva realidad.

—Sí, conoce a una mujer. Ella es muy diferente de las mujeres que había conocido en Italia. Es rubia, pequeña, con un aire dulce y gentil. Se enamoran y deciden estar juntos. Ella sabe de su pasado, pero lo acepta y lo ayuda a dejar todo atrás.

—¿Tienen hijos? —pregunté, consciente de que Alberta estaba accediendo a información que racionalmente no podría conocer.

—No, no tienen hijos. Quizás debido a las dificultades e incertidumbres de su vida. Pero parecen felices juntos, de una manera simple y profunda. Han creado una pequeña vida para sí mismos, lejos del caos del mundo.

—¿Sabes dónde se establecieron?

—Creo que se trasladaron a Dinamarca. Allí, mi tío Alberto vive una vida tranquila, casi anónima. Lejos de los dolorosos recuerdos de la guerra y de su antigua identidad. Encuentra paz y un sentido de pertenencia con su nueva compañera.

El valor de su tío para dejar todo atrás, para comenzar una nueva vida en un lugar desconocido, me pareció la oportunidad perfecta para ofrecer a Alberta un poderoso ejemplo de resiliencia y capacidad de reinventarse.

—Y en esto, ¿puedes encontrar paralelismos con tu propia vida?

Alberta se quedó en silencio por un momento, luego, con una voz llena de emoción, comenzó a hablar. Sus palabras se entrecortaban por los sollozos.

—A veces, yo también quisiera huir lejos... —dijo, y las lágrimas comenzaron a correr por su rostro—. Hay momentos en los que siento que no puedo manejar todo, las presiones de la vida, las expectativas de los demás...

—Entiendo —respondí con empatía—. Es un sentimiento muy humano querer escapar cuando las cosas se vuelven demasiado pesadas.

—Mi tío Alberto... hizo bien en desaparecer, en cortar los lazos con su familia —continuó Alberta entre sollozos—. Esta decisión le permitió vivir una vida feliz, lejos de todo lo que le causaba sufrimiento. A veces pienso que sería más fácil si yo también pudiera simplemente comenzar de nuevo, en un lugar donde nadie me conozca, donde no tengo responsabilidades...

—Alberta —dije suavemente—, el valor de tu tío para comenzar una nueva vida puede verse como una forma de vivir sin tener que cumplir constantemente con las expectativas de otros. Quizás, lo que puedes aprender de su historia es la importancia de vivir una vida que sea auténtica para ti, sin dejar que las presiones externas definan quién eres o lo que deberías ser.

Alberta manteniendo los ojos cerrados, se secó las lágrimas.

—Tienes razón, quizás no necesito huir físicamente para encontrar mi paz. Puedo aprender a establecer mis límites, a decir no cuando sea necesario, y a buscar lo que realmente me hace feliz, incluso si eso significa decepcionar a otros.

—Exactamente —respondí—. La historia de tu tío Alberto puede enseñarte que, a veces, para encontrar la felicidad, debemos tener el coraje de seguir nuestro propio camino, incluso si eso significa alejarnos de las expectativas y los patrones impuestos por otros. Es un viaje de autenticidad y coraje, justo como el que tu tío emprendió.

Era evidente que Alberta había comenzado a ver la historia de su tío no solo como un relato de fuga y renacimiento, sino también como una metáfora para su propio viaje personal hacia una vida más auténtica y satisfactoria. Esta nueva comprensión parecía haberle dado fuerza y determinación para enfrentar los desafíos de su vida con un nuevo espíritu de independencia y autenticidad.

Cuando la sesión terminó, Alberta se levantó de la silla. Parecía mucho más ligera que cuando había entrado. Había una nueva determinación en sus ojos, un sentido de descubrimiento que había iluminado su rostro.

—Gracias de corazón —dijo, sonriéndome mientras nos dirigíamos hacia la puerta—. Hoy ha sido un día revelador. ¿Sabes?, estoy pensando en investigar la historia de mi tío Alberto. Me gustaría saber si todavía está vivo y dónde se encuentra. Quizás contactaré a algún experto en genealogía o alguien en Dinamarca que pueda ayudarme a rastrearlo.

—¡Qué valiente! —respondí—. Tu búsqueda podría llevarte a hallazgos aún más significativos. Te deseo lo mejor en este viaje de descubrimiento.

Nos despedimos y, mientras la veía alejarse, reflexionaba sobre cuán profundo había sido nuestro trabajo juntos y sobre cómo las historias de nuestros ancestros continúan influyendo en nuestras vidas en formas que a menudo no esperamos.

En los meses siguientes, no tuve más noticias de Alberta y a menudo me preguntaba cómo estaría avanzando su búsqueda. Luego, un día, recibí un correo electrónico de ella. Al abrirlo, encontré un relato que hizo latir mi corazón con fuerza. Alberta escribía que, de repente, un día su teléfono móvil había sonado. Cuando respondió, del otro lado de la línea había una voz que hablaba italiano con un fuerte acento ruso. La voz simplemente dijo: «¿Alberta?».

AGRADECIMIENTOS

Deseo expresar mi más profundo agradecimiento a todos los protagonistas de este libro por su disponibilidad.

Agradezco también de manera especial a Giuliana Santin y Maria Antonietta D'Erme por sus siempre valiosos consejos.

Mi especial gratitud también para Gracia Valenzuela y todo el equipo de Editorial Sirio por creer una vez más en mi trabajo.

Finalmente, estoy especialmente agradecido con todos vosotros, queridos lectores, por el afecto que nunca habéis dejado de demostrar al leer mis libros.

EL AUTOR

Alex Raco es el creador de la hipnogenealogía, o hipnosis genealógica, un enfoque innovador que combina la hipnosis con la exploración de la genealogía familiar. Es especialista en trastornos del estado de ánimo y ansiedad, especialización obtenida en la Universidad de León. Su formación incluye también postgrados en Psicopatología Clínica en la Universidad de Barcelona y en Hipnosis Ericksoniana en la Universidad de Valencia. Ha realizado cursos de formación en Hipnosis Clínica a nivel avanzado en la Universidad Autónoma de Madrid. Alex también emprendió un camino personal de psicoanálisis junguiano que duró cuatro años.

Es considerado el mayor experto europeo en hipnosis de regresión a vidas pasadas y ha conducido hasta la fecha miles de sesiones, siguiendo también el método de terapia regresiva del Dr. Brian Weiss, con quien se formó profesionalmente en el Omega Institute for Holistic Studies, en el Estado de Nueva York.